C. A. Press

Comidas U.S.A.

Yvan Lemoine, nacido en Caracas, Venezuela, llegó a Estados Unidos a los trece años de edad y comenzó su carrera a los catorce años en el famoso restaurante francés La Caravelle. De ahí siguió adelante trabajando y aprendiendo de los grandes como Jacques Torres, Rocco Dispirito, Sam Mason y Jahangir Mentha, entre otros. Hoy en día es copropietario de iFoodStudios en Nueva York, chef y mixólogo. Presentador de un segmento de cocina y entretenimiento en Univisión llamado *El toque de Lemoine,* Yvan también ha aparecido en *Live! with Regis and Kelly, Chopped,* el *Food Network Challenge,* algunos de los programas mañaneros más exitosos a través de Estados Unidos y en *The Next Food Network Star* como concursante; ha diseñado cócteles para Angelina Jolie en el Santa Barbara Film Festival; y ha sido mencionado en el *New York Times, Food Arts,* el *Daily News, Food and Wine, El Diario* y el *Village Voice.* Yvan también se ha unido a la campaña de la primera dama Michelle Obama llamada "Chefs Move to School" —los chefs se mudan a la escuela— para proveerle a las escuelas comidas más nutritivas y ayudar a que productos más saludables y accesibles estén disponibles en todo el país. Vivaz y divertido, Yvan cree que la comida tiene su propio idioma y lo único que debemos hacer es escuchar. Actualmente vive en Nueva York con su familia.

C PRESS

Comidas
U.S.A.

★

Comidas
U.S.A.

UNA COLECCIÓN ESENCIAL DE RECETAS CLÁSICAS
Y RECONFORTANTES DE ESTADOS UNIDOS

★ **YVAN LEMOINE** ★

C. A. PRESS
Published by the Penguin Group
Penguin Group (USA) Inc., 375 Hudson Street, New York, New York 10014, U.S.A.
Penguin Group (Canada), 90 Eglinton Avenue East, Suite 700, Toronto, Ontario, Canada M4P 2Y3
(a division of Pearson Penguin Canada Inc.)
Penguin Books Ltd, 80 Strand, London WC2R 0RL, England
Penguin Ireland, 25 St Stephen's Green, Dublin 2, Ireland (a division of Penguin Books Ltd)
Penguin Group (Australia), 250 Camberwell Road, Camberwell, Victoria 3124, Australia
(a division of Pearson Australia Group Pty Ltd)
Penguin Books India Pvt Ltd, 11 Community Centre, Panchsheel Park,
New Delhi – 110 017, India
Penguin Group (NZ), 67 Apollo Drive, Rosedale, Auckland 0632, New Zealand
(a division of Pearson New Zealand Ltd)
Penguin Books (South Africa) (Pty) Ltd, 24 Sturdee Avenue, Rosebank,
Johannesburg 2196, South Africa

Penguin Books Ltd, Registered Offices:
80 Strand, London WC2R 0RL, England

First published in 2012 by C. A. Press, a member of Penguin Group (USA) Inc.

10 9 8 7 6 5 4 3 2 1

LIBRARY OF CONGRESS CATALOGING-IN-PUBLICATION DATA:
Lemoine, Yvan
Comidas U.S.A. : una colección esencial de recetas clásicas y reconfortantes de Estados Unidos / Yvan Lemoine.
p. cm.
Includes index.
ISBN 978-0-9831390-9-6
1. Cooking, American. I. Title.
TX715.L567 2012
641.5973—dc23 2012015924

Printed in China

Le dedico este libro a mi mamá
que me enseñó a soñar.

Contenido

Introducción

La estatua de la libertad está situada en el sur del puerto de Nueva York en los Estados Unidos de América. Mirando hacia el horizonte con brazo en alto y antorcha extendida hacia el cielo, Libertas la diosa romana sirve como un faro de luz para aquellos en búsqueda de lo que ella representa: la libertad. A sus pies se encuentra inscrito un poema de Emma Lazarus, llamado "El Nuevo Coloso", que dice:

> *No como el mítico gigante griego de bronce,*
> *De miembros conquistadores a horcajadas de tierra a tierra;*
> *Aquí en nuestras puertas del ocaso bañadas por el mar se yerguerá*
> *Una poderosa mujer con una antorcha cuya llama*
> *Es el relámpago aprisionado, y su nombre*
> *Madre de los Desterrados. Desde el faro de su mano*
> *Brilla la bienvenida para todo el mundo; sus templados ojos dominan*
> *Las ciudades gemelas que enmarcan el puerto de aéreos puentes.*
> *"¡Guardaos, tierras antiguas, vuestra pompa legendaria!", grita ella*
> *Con labios silenciosos. "¡Dadme a vuestros rendidos, a vuestros pobres*
> *Vuestras masas hacinadas anhelando respirar en libertad,*
> *El desamparado desecho de vuestras rebosantes playas.*
> *Enviadme a estos, los desamparados, sacudidos por las tempestades a mí,*
> *¡Yo elevo mi faro al lado de la puerta dorada!".*

Este poema representa la declaración de esta gran nación. Los americanos son pioneros. Esta nación fue fundada por los perseguidos, aquellos cansados de seguir el régimen de la Monarca o aquellos que huían de las reglas tiránicas establecidas por el magistrado, sea de los reyes o de la Iglesia. La comida de hoy refleja una migración global e incorporación de lo mejor de todo el mundo, representando todas la naciones del planeta. Sin embargo, todavía se encuentran platos, tradiciones y comidas regionales que fueron creadas al inicio de esta gran nación. Algunos platos fueron derivados de las cosechas naturales que se encuentran en el país, otros tienen raíces en otras culturas y otros simplemente fueron creados por accidente o necesidad. Aquí les comparto algunas historias con sus recetas respectivas. Ellas representan la comida casera de los Estados Unidos de América.

La comida casera americana —o *comfort food* (comida reconfortante) como es más comúnmente referida— es una combinación de recetas fáciles creadas al principio de la fundación europea del país y durante sus últimos doscientos años de vida. Lo que hace que la comida americana sea tan buena es el recetario nacional que se ha formado con la combinación de la costa este, la costa oeste, y todos sus otros estados vecinos. Por ejemplo, si te encuentras en Nueva York, probablemente disfrutarás de un Manhattan Clam Chowder —una sopa a base de tomate, con mucho ajo, con influencias de los inmigrantes italianos, hecha con almejas de la costa este y servida con galletitas saladas.

Ahora, si viajas a la costa de Nueva Inglaterra, tendrás una experiencia completamente diferente. Te servirán el New England Clam Chowder, y en un gran plato hondo encontrarás una sopa blanca y cremosa enriquecida con un poquito de harina y mantequilla. Estará repleta de almejas jugosas que se encuentran en abundancia en la orilla de la playa. Si tienes suerte tal ves descubrirás trocitos de tocineta ahumada en ella y la sopa te calentara el espíritu.

Las únicas similitudes entre estos dos platos son que probablemente los dos serán servidos con salsa picante y las galletitas saladas. Esa variedad infinita es lo que hace que la comida americana sea tan buena, desde la munificencia tropical de Hawai; los campos de uvas para vino de California; Oregón con sus hongos exóticos; Texas, mejor conocido como "el país de las vacas" donde la carne es rey; Kansas y St. Louis, las capitales pegajosas y ahumadas de la barbacoa americana; hasta Nueva York,

donde el mundo se estrella creando una tormenta caleidoscópica de comida. Algunos nombres de los platos están traducidos, y otros no tienen traducción en español así que se los dejo en inglés como nombres originales. En este libro les presento la comida casera de los Estados Unidos de América en español, comprobando que esta nación es mucho más que hamburguesas con queso, papas fritas y malteadas. Pero sí que son sabrosas, ¿no? Buen provecho, amigos.

REFRESCOS, CÓCTELES Y PONCHES

Estados Unidos tiene una historia de bebidas embriagadoramente rica. Dicen que la razón por la que los peregrinos inicialmente se bajaron en la Roca Plymouth al llegar a América fue porque sus reservas de alcohol estaban peligrosamente bajas. Desde ese momento, hasta la lucha en contra de la prohibición y la actualidad, los refrescos, cócteles y ponches sirven como una fuerza catalizadora en el progreso social de esta gran nación.

Batido de leche

(Milkshake)

★ RINDE 4 PORCIONES ★

Cuando se esté preparando para visitar a Estados Unidos por primera vez, hay ciertas frases que debe saber de memoria. Primero que nada: "I would like a burger with French fries and a milkshake", es decir, "Quiero una hamburguesa con papas fritas y un batido de leche". Los batidos fueron creados al principio del siglo XX, cuando las batidoras eléctricas Hamilton Beach empezaron a ser utilizadas en las llamadas fuentes de soda de Estados Unidos, los restaurantes populares de la época donde se servían sodas con una variedad de jarabes.

2 tazas de helado de vainilla

⅓ taza de leche entera

4 cucharadas de crema chantillí

Combine el helado con la leche en una licuadora y licue bien. Sirva con una cucharada de crema chantillí y un pitillo o popote.

CONSEJO:

Puede usar helado de chocolate o fresas para así probar los otros dos gustos clásicos de esta bebida tan popular en Estados Unidos.

Chocolate caliente

En los inviernos frígidos de Estados Unidos, cuando la tierra está cubierta con toneladas de nieve y todos los lagos se encuentran congelados y transformados en pistas de patinaje, allí encontrarás a docenas de personas jugando en el frío. Pero después de una o dos horas de jugar en la nieve, la misma se mete en tus botas, congelando tus patitas poco a poco, y hasta los guantes más gruesos se empiezan a rendir. Ese es el momento en que un buen chocolate caliente sabrá mejor que cualquier otra cosa en el universo.

2   tazas de leche entera

¼   taza de agua

3   cucharadas de azúcar

4   onzas de chocolate semi amargo, picado en trozos pequeños

Crema chantillí para decorar

CONSEJO:

Las mejores cosas de la vida son las más simples. Esta receta es una de ellas. Lo más importante para tener en cuenta cuando está haciendo recetas simples es utilizar los mejores ingredientes posibles. Utilice chocolate bueno, y oscuro, de por lo menos 64% de cacao o más.

1. Caliente la leche, el agua y el azúcar a fuego alto en una olla.

2. En un tazón grande agregue el chocolate, la mitad de la leche caliente y ponga esta mezcla en una licuadora, dejándolo reposar por 2 minutos hasta que la leche derrita el chocolate.

3. Quitando la tapita del centro de la tapa de la licuadora, licue a velocidad lenta hasta que tenga una mezcla homogénea.

4. Poco a poco agregue el resto de la leche caliente hasta que la haya incorporado toda. Licue por 1 minuto a velocidad media. Sirva inmediatamente con un poquito de crema chantillí encima.

Limonada rosada

(Pink Lemonade)

★ RINDE 4 PORCIONES ★

Hay varias historias acerca de dónde, cuándo y quién primero creó la limonada rosada. Aunque hay limones rosados llamados limones Eureka, no son normalmente usados para hacer limonada. Otra historia dice que fue un hombre en un carnaval que vendía limonada: un día se le acabó el agua y tuvo que usar el agua que una bailarina había utilizado para lavar sus medias de nailon rojas. Cuando vendió la limonada la llamó limonada de fresas, y con eso ¡duplicó sus ventas por dos! Dicen que George Washington hacía limonada rosada con el jugo de frambuesas, mientras que los indios le agregaban bayas de zumaque.

4   tazas de agua

½   taza de azúcar blanca

1   cucharada de bayas de zumaque

1   taza de jugo de limón fresco (5–6 limones)

1   taza de hielo

1. Coloque el agua, el azúcar y las bayas en una olla a fuego medio. Cuando el agua hierva, apague la llama y deje remojando por 10 minutos.

2. Cuele el jarabe de zumaque y colóquelo en el refrigerador hasta que esté frío.

3. Combine todos los ingredientes en una licuadora y licue por 2 minutos hasta que toda el azúcar esté disuelta. Sirva en vasos con hielo.

CONSEJO:

Tradicionalmente se usan bayas de zumaque, pero si no puede encontrarlas, simplemente sustituya estas con flores de Jamaica. Y si tampoco las encuentra, un poco de jugo de arándano rojo también funciona.

Cerveza de raíces flotante

(Root Beer Float)

★ RINDE 1 PORCIÓN ★

Esta bebida con aspiraciones de postre fue creada por Robert M. Green en Philadelphia en 1874. Dicen que un día mientras estaba sirviendo sodas, se le acabó el hielo, así que buscó qué más tenía en su congelador y se le ocurrió agregarle helado a las sodas. Y así se creó una de las bebidas clásicas de Estados Unidos.

1 taza de cerveza de raíces flotante (Root Beer)

1 bola de helado de vainilla (alrededor de ½ taza)

En un vaso de pinta lleno de hielo, agregue la cerveza de raíces y corone con la bola de helado encima. Sirva con una cuchara y un pitillo o popote.

CONSEJO:

La cerveza de raíces es un refresco típico de Estados Unidos, pero si no puede encontrarla, sustitúyala con malta o Coca-Cola.

Té dulce sureño

(Sweet Tea)

Durante los veranos cálidos en el sur de Estados Unidos, cuando el aire está pesado y las brisas calientes, hay una tradición que refresca el cuerpo y calma el alma: el té dulce sureño. Este té es azucarado al hacerse, cuando todavía está caliente, lo cual ayuda a que el agua retenga más azúcar por un proceso llamado súper saturación. Este proceso utilizado en esta receta, produce un té súper dulce.

4	tazas de agua
1	onza de té negro (5–6 bolsitas)
½	taza de azúcar
4	ramitas de menta
1	limón cortado en 4 trozos

1. Coloque el agua en una olla y al hervir, apague la llama y agregue el té. Deje el té remojando por 5 minutos y remuévalo.

2. Agregue el azúcar y revuelva hasta que esté disuelta. Enfríe en la nevera por 2 horas. Sirva en vasos con hielo, un ramito de menta y un trozo de limón.

Shirley Temple

Shirley Jane Temple nació en abril de 1928 y a los tres años ya estaba actuando, bailando y entreteniendo a todo el mundo. Con su belleza y ternura, ella cautivó el corazón de la nación. En su honor, un barman en Beverly Hills le sirvió este trago. Como era niña y todavía no podía beber, él le preparó un vaso de ginger ale con un poco de jugo de naranja y granadina decorado con cerezas al marrasquino. Hoy en día se sirve sin jugo de naranja y se puede utilizar soda de limón en vez de ginger ale.

8   onzas de ginger ale o soda de limón

1   cucharada de granadina

2   cerezas al marrasquino

Combine los ingredientes en un vaso con hielo y decore con las cerezas.

Ponche crema

(Eggnog)

★ RINDE 5 PORCIONES ★

Coquito, Rompope, Ponche crema, Vaina, Licor de huevo, son todos nombres describiendo esta deliciosa combinación de huevos, leche, azúcar y licor. Tradicionalmente bebida durante las navidades, el nombre en inglés simplemente significa huevo (egg) y ron (nog —un derivado de la palabra común para ron en inglés). Fue bebida por primera vez en Jamestown, Virginia, y, con acontecimiento del capitán James Smith, en 1607 nació el nombre Eggnog de una abreviación de egg y grog (huevo con ron). Así se dio a conocer la bebida navideña más popular de Estados Unidos.

2 tazas de leche entera

1 lata de leche condensada

2 tazas de crema

2 vainas de vainilla

1 cucharadita de canela fresca

¼ cucharadita de nuez moscada

5 yemas de huevo

1 taza de crema chantillí

Ron o su licor preferido

1. Empiece hirviendo las leches y crema con las especies en una olla de metal no reactiva a fuego alto.

2. Mientras tanto, bata las yemas con un batidor hasta que estén ligeras y pálidas.

3. Cuando la crema haya hervido, apague la llama y, utilizando un cucharón, agregue la crema caliente poco a poco a las yemas mientras las bate al mismo tiempo.

4. Cuando haya agregado la mitad de la crema caliente a las yemas, devuelva la mezcla a la olla. Utilizando una espátula a prueba de calor, cocine el ponche a fuego medio hasta que la mezcla cubra la superficie de la espátula y quede una línea limpia al dibujarla con sus dedo sobre la espátula.

5. Apague la llama, cuele el ponche y refrigere hasta que esté bien frío.

6. Sirva con 1 onza de ron (o su licor preferido) por cada taza de Ponche crema, una cucharadita de crema chantillí y un poquito de canela rallada encima.

Manhattan

La ciudad de Nueva York es la ciudad más icónica de los cócteles. Con tanta grandiosidad, merece un trago con mucho prestigio, delicia y popularidad, como lo es el Manhattan. Este cóctel fue creado en el club Manhattan, alrededor de la década de los 1870, por el doctor Lain Marshall en honor a la mamá de Winston Churchill.

2	onzas de *bourbon* o whisky de centeno
1	onza de vermú rojo dulce
2	pizcas de angostura
1	cereza al marrasquino

1. En un vaso de vidrio para mezclar combine el *bourbon* con el vermú rojo dulce y el angostura.

2. Llene el vaso de hielo y mezcle bien con una cuchara por 15 segundos.

3. Cuele el cóctel dentro de una copa de Martini bien fría. El último toque, la cereza al marrasquino.

Bloody Mary

Los estadounidenses tienen una tradición durante los fines de semana que incorpora el desayuno y el almuerzo, entre las once de la mañana y las dos de la tarde, que llaman brunch. *La reina de esta comida es la Bloody Mary. Originalmente creada por George Jessel en el año 1939, en realidad no fue coronada hasta que Fernand Petiot le agregó especias y salsa Worcestershire mientras trabajaba en el St. Regis en Nueva York. Hoy en día, esta bebida es consumida en todo el mundo con pequeños toques que reflejan la cultura y la ubicación de cada lugar.*

2	tazas de jugo de tomate
2	pizcas de sal de apio
10	vueltas de pimienta negra
	Jugo de 1 limón
1½	cucharadas de salsa Worcestershire
1	cucharada de raíz de rábano preparado
	Salsa picante al gusto
1	taza de vodka
1	limón, cortado en cuatro trozos para decorar
4	palitos de apio, para decorar

Combine todos los ingredientes y sirva en un jarrón acompañado con trozos de limón y palitos de apio.

CONSEJO:

Si quiere hacerse lo que se llama un Virgin Mary, es decir, un Bloody Mary sin alcohol, simplemente siga esta receta, pero no le agregue el vodka.

Martini

El Martini es el cóctel más icónico de todo el mundo. Popularizado por James Bond, Frank Sinatra y la cultura de Hollywood, tiene una historia muy colorida y es el cóctel que más representa la cultura estadounidense. Hoy en día, el Martini simplemente tiene dos ingredientes: el licor (ginebra o vodka) y el vermú servido muy frío, pero al principio no fue así. Circulan muchas historias sobre la creación del Martini, pero la primera receta en la guía de barman titulada The Bartender's Guide, *fue publicada en 1887. Esta receta nos dice que el Martini fue creado en California en un pueblito llamado Martínez, compuesto de vermú dulce, ginebra, angostura y dos pizcas de licor marrasquino. Con el tiempo, el vermú dulce fue reemplazado por el seco, el angostura fue omitido y el licor marrasquino olvidado, dándonos el Martini de hoy en día. Sea hecho con vodka o ginebra, en las rocas o en una copa de Martini, con aceitunas o con jugo de limón, hay solamente una forma de servirlo, y eso es frío, pero muy frío.*

2 onzas de vodka o ginebra

½ onza de vermú seco

3 buenas aceitunas

Combine todos los ingredientes en un vaso para mezclar con abundante hielo y bata súper duro por 15 segundos. Sirva en una copa de Martini congelada.

CONSEJO:

Mi forma preferida de tomar un Martini es acompañado de unas buenas aceitunas rellenas de queso azul, y si puedes empanizar las aceitunas, freírlas y servirlas calientes, pues aun mejor.

Julepe de menta

(Mint Julep)

★ RINDE 1 PORCIÓN ★

La tierra tiembla y a lo lejos se escuchan los caballos galopando a toda velocidad. El aire huele a grama recién cortada, dulce y fresca. El sol resplandece y te ciega, y el calor te empieza a mojar la camisa, dando aviso a que es hora para refrescarte con una bebida. Esto es lo que se vive en el Kentucky Derby, la carrera de caballos más prestigiosa de Estados Unidos, donde el Julepe de menta fue nombrada la bebida oficial en 1938. Sin embargo, el primero en mencionarla fue Jon Davis en 1803, comentando que los habitantes de Virginia disfrutaban de este licor espiritoso empinado con menta.

6–7 hojas de menta fresca

3 onzas de *bourbon*

2 cucharaditas de jarabe simple de azúcar

1½ tazas de hielo rallado

1 ramito de menta para decorar

1. En un vaso presione ligeramente las hojas de menta con un mortero de madera o la parte de atrás de una cuchara gruesa de madera. Quiere macerar las hojas pero no las debe hacer picadillo.

2. Añada el *bourbon,* el jarabe de azúcar y el hielo rallado, y revuelva con una cuchara por 30 segundos.

3. Rellénelo hasta el tope con más hielo, decore con un ramito de menta y sirva inmediatamente.

Hipocrás

(Mulled Wine)

Nada perfuma una casa más que una olla caliente repleta de vino tinto con especias. Normalmente servido durante las navidades, especialmente en el medio del invierno, una taza de este elixir mágico calienta el cuerpo y enriquece el espíritu. Esta tradición es tan vieja como la humanidad, siendo el vino una de las bebidas más antiguas del mundo.

2   botellas de vino tinto
4   onzas de *brandy*
4   palitos de canela entera
12 clavos enteros
4   anís estrella
    Jugo de 1 naranja
    Miel al gusto

1. Combine todos los ingredientes menos la miel en una olla grande. Cubra con una tapa y caliente a fuego medio.

2. Al hervir, agregue la miel y disuelva, revolviendo con una cuchara de madera. Baje la llama lo más bajo posible, tape y hierva por media hora, dándole tiempo a las especias a que perfumen bien el vino.

3. Sirva caliente en una taza y disfrute.

Old Fashioned

Como implica su nombre en inglés, este cóctel es uno de los cócteles a la antigua. Se dice que esta combinación deliciosa la inventó un barman en un club en Kentucky en el año 1880. Este cóctel es considerado uno de los primeros en la historia de cócteles compuestos, y era el favorito del presidente número treinta y tres de Estados Unidos, Harry S. Truman, y su esposa.

1	cubo de azúcar
3	pizcas de angostura
1	cereza al marrasquino
1	trozo de naranja fresca
2	onzas de *bourbon* o whisky de centeno
	Un toque de agua con gas

1. En una cóctelera, moje el cubo de azúcar con el angostura, añada la cereza y la naranja y presione ligeramente con un mortero de madera o la parte de atrás de una cuchara gruesa de madera hasta que el cubo de azúcar esté semidisuelto y las frutas trituradas.

2. Añada el whisky y llene la cóctelera con hielo. Bata bien por 30 segundos, abra la cóctelera y agregue el agua con gas.

3. Revuelva con una cuchara y sirva en un vaso old-fashioned en las rocas.

Ponche clásico

(Classic Punch)

El ponche es un bebida clásica de Estados Unidos. Tradicionalmente ofrecida en fiestas, esta bebida es preparada y servida en una ponchera con un cucharón, permitiendo que los invitados participen y se sirvan cuando quieran. Prepare esta receta, pero tenga cuidado: es muy peligrosa porque está llena de jugos refrescantes y sabrosos que enmascaran la cantidad de alcohol que contiene.

1	naranja en rebanadas
1	taza de arándonos frescos
5	ramitos de menta
1	taza de jugo de naranja
1	taza de jugo de piña
1	taza de jugo de arándanos
3	cucharadas de granadina
1	taza de vodka o ron

1. Empiece tomando un tazón o un molde de anillo que quepa adentro de la ponchera y rellénelo con las rebanadas de naranja, los arándanos frescos y las ramitas de menta. Llene el molde con agua y congele de la noche a la mañana.

2. Para hacer el ponche, combine todos los jugos, la granadina y el vodka o ron adentro de la ponchera y revuelva bien hasta que la granadina esté disuelta.

3. Afloje el hielo de frutas que congeló la noche anterior debajo de un chorro de agua caliente, y desmóldelo adentro de la ponchera, decorando con rebanadas finas de una naranja. Ese molde de hielo de frutas sirve de decoración y se derrite lentamente, sin aguar al ponche.

Shandy

Si tienes planes de pasar toda la tarde bebiendo, o si eres de peso ligero, está es tu nueva bebida. No solo endulza tu cerveza favorita con un toque de soda o limonada, pero te permite beber toda la tarde sin emborracharte demasiado. Dicen que el Shandy fue inventado en un día en que un enjambre de ciclistas pararon en una taberna para beber. Cuando el barman se dio cuenta de que no iba a tener suficiente cerveza para servirle a todos, empezó a combinarla con limonada, y así de fácil una bebida clásica fue creada.

1 taza de cerveza (tu favorita, pero bien fría)

1 taza de soda de limón (súper fría)

1 trozo de limón fresco

1. Moje un vaso de pinta y métalo en el congelador por 1 hora.

2. Combine la cerveza con la soda en el vaso de pinta congelado y sirva con el limón.

Mimosa

El gran cóctel ligero, refrescante y con el color del sol naciente, la Mimosa tiene unas raíces de pobre pero, como muchas historias de Cenicienta, se transformó en una de las damas más hermosas de la barra. Originalmente creado en una taberna en Inglaterra alrededor de la década de los 1920, este cóctel primero se llamó Buck Fizz, tomando el nombre de la barra. Al final el cóctel creció y llegó a las puertas del Hotel Ritz en París, donde se servía bajo el nombre Mimosa. Sin embargo, hoy en día es el cóctel más importante y más popular de todos los cócteles servidos en el desayuno, y aquí tiene una receta súper fácil.

½ onza de licor de naranja (opcional)

4 onzas de champán o Prosecco

2 onzas de jugo de naranja

En una coctelera combine el Prosecco o champán con el licor, añada el jugo de naranja despacio y con cuidado porque va a burbujear un poco. Sirva en una copa de champán congelada.

Sex on the Beach

Este es el primer cóctel que yo probé en mi vida. Súper ligero, refrescante y mejor que todo, tiene un nombre súper sexy que se traduce en español a sexo en la playa. Creado alrededor del año 1984, el Sex on the Beach es el hijo del Fuzzy Navel, un cóctel hecho con jugo de naranja y vodka con el sabor del momento: durazno. Al combinar el Fuzzy Navel con el Cape Cod (jugo de arándonos rojos con vodka), nació el Sex on the Beach.

1½ onzas de vodka (o vodka de naranja)
1 onza de licor de durazno
2 onzas de jugo de naranja
1 onza de jugo de arándonos rojos

En un vaso alto lleno de hielo añada la vodka, el licor de durazno, el jugo de naranja y el jugo de arándonos rojos, ¡y disfrute!

Rickey

★ RINDE 1 PORCIÓN ★

Este cóctel nació en una barra llamada Shoomaker's, en Washington, D.C., la capital de Estados Unidos, por el barman George A. Williamson. La bebida fue creada en conexión con un demócrata llamado Coronel Joe Rickey. Aunque la bebida era popular, nunca llegó a ser la superestrella en la que se convirtió cuando fue hecha con ginebra una década después. Una bebida clásica, sabrosa y súper fácil, aquí se la dejo.

2 onzas de whisky o ginebra
2 trozos de lima
Agua con gas

Ponga el licor en un vaso alto, exprima los trozos de lima, llene de hielo y añada agua con gas hasta el tope. Sirva con un pitillo o popote.

Cosmopolitan

El cóctel icónico de las muchachas de Sex and the City es prácticamente el cóctel más popular del sexo femenino. Con un perfil de limonada rosada adornada con un vestido de cóctel, este trago es fácilmente bebido en un restaurante de cuatro estrellas al igual que en la comodidad de su casa.

1½ onzas de vodka de limón

1 onza de licor de naranja como Cointreau o Triple sec

½ onza de jugo de lima

½ onza de Sour Mix

½ onza de jugo de arándanos rojos

1 trozo de limón

1. Moje una copa de Martini y métala en el congelador hasta que se congele.

2. Combine todos los ingredientes, menos el trozo de limón, en una coctelera, llénela de hielo, cúbrala y bata súper fuerte por 10 segundos.

3. Cuele en la copa congelada y termínelo con un trozo de limón exprimido.

DESAYUNOS

El desayuno es la comida más importante del día. Traducido literalmente como "rompe ayuno", el llamado breakfast estadounidense es una de las comidas más divertidas, donde uno tiene la libertad de combinar frutas, cosas dulces, saladas, carne, pan, huevos y, dependiendo de la parte de la nación en que uno se encuentre, hasta podemos disfrutar de delicias del mar. También hay una comida típica de Estados Unidos llamada *brunch* que es la combinación del desayuno (*breakfast*) y el almuerzo (*lunch*). El *brunch* normalmente se come entre las once de la mañana y las dos de la tarde en los fines de semana, cuando uno se levanta más tarde porque no tiene que ir a trabajar. Aquí les presento las recetas estadounidenses más populares que sirven como la primera comida del día. Sí, estos platos fueron creados para comerse en la mañana, ¡pero son tan sabrosos que los puede disfrutar a cualquier hora del día!

Refrito de carne curada

(Corned Beef Hash)

La palabra hash *tiene varios significados, incluyendo: un plato de carne picada y verduras, a partir de restos de carne en conserva y papas, fritos en una sartén; una confusión o un desorden, un* hash *de los hechos y las cifras no organizados; o una reelaboración de material antiguo y familiar. Esta receta es un* hash *de varios platos habidos y por haber.*

2 cucharadas de aceite de oliva

1 cucharada de mantequilla

1 cebolla blanca mediana, picadita

½ cucharada de páprika

½ libra de carne curada, picadita

1 pimiento rojo, semillas removidas y picadito

2 dientes de ajo, picaditos

2 papas blancas grandes, peladas y ralladas

1 cucharada de jalapeño, picadito

Sal y pimienta al gusto

2 cucharadas de perejil, picadito

1. Caliente una sartén con el aceite y la mantequilla sobre fuego medio.

2. Cuando la mantequilla esté derretida, agregue la cebolla, la páprika y la carne y cocine por 3 minutos revolviendo cada minuto.

3. Ahora agregue el resto de los ingredientes con solo 1 de las cucharadas del perejil y cocine revolviendo todo cada minuto hasta que la papa esté cocida y el resto de los ingredientes doraditos.

4. Sirva con huevos fritos y utilice el perejil restante para decorar.

Huevos benedictinos

(Eggs Benedict)

★ RINDE 3 PORCIONES ★

Hay muchas historias de cómo este plato espectacular de huevos con jamón y salsa holandesa fue creado, pero vamos a tomar la más vieja que tenemos. Hay una historia en la revista New Yorker *que dice que en el año 1894 un señor llamado Lemuel Benedict entró en la sala del hotel Waldorf buscando un plato que lo ayudara con su resaca. Aparentemente le funcionó, porque hoy en día los Huevos benedictinos son mi plato favorito para la mañana después de una buena rumba.*

PARA LA SALSA HOLANDESA

2　huevos grandes

1 ¼　tazas (2½ barras) de mantequilla sin sal, cortada en cubitos

2　cucharadas de jugo de limón fresco, y un poquito más

　　Sal y pimienta negra recién molida

1. Empiece poniendo los huevos enteros, sin partir, adentro de una licuadora llena de agua caliente. Esto va a calentar la licuadora y los huevos, sin cocinarlos.

2. Ponga la mantequilla en una olla y, a fuego medio, derrítala completamente (también puede derretirla en un microondas). Apenas esté totalmente derretida, apague el fuego y déjela tranquila, esto va a hacer que la leche de la mantequilla se separe del aceite creando mantequilla clarificada.

3. Con una cuchara, descreme la mantequilla, removiendo la crema de la superficie (no se preocupe por lo que está en el fondo). Ahora quite los huevos de la licuadora, vierta el agua y séquela bien.

4. Separe los huevos y agregue las yemas adentro de la licuadora con el jugo de limón y bata a velocidad alta por 1 minuto.

5. Sin parar de batir, agregue la mantequilla clarificada poco a poco hasta que esté totalmente incorporada. No agregue el poco de crema que queda en el fondo de la olla con mantequilla.

6. Termine la salsa con un toque de sal y una pizca de pimienta. Si le pasa que la crema está muy espesa, simplemente agréguele un poquito de agua tibia hasta que quede a su espesura preferida.

7. Cuando termine, tape la salsa holandesa y manténgala caliente en un baño María.

1. Empiece llenando una olla con agua caliente hasta que tenga dos pulgadas de agua adentro.

2. Agregue el vinagre y prenda la llama a fuego medio. La mejor temperatura para preparar huevos escalfados es justo antes de que el agua hierva.

3. Cuando el agua haya hervido, baje la llama hasta que el agua no esté hirviendo, pero se mantiene caliente.

4. Parta los huevos en un bol y agregue un poquito de sal y pimienta.

5. Ahora con un cucharón tome los huevos uno por uno y suavemente sumérjalos en el agua. Remueva el cucharón con mucha delicadeza y deje los huevos en el agua (nada más cocine de 2 a 3 huevos a la vez). Cocine los huevos por 3 minutos.

6. Mientras tanto, tome un plato y cúbralo con una toalla de papel. Tome un cucharón con ranuras y remueva los huevos uno por uno del agua.

7. Continúe con los huevos restantes.

1. Corte los panecillos por la mitad y tuéstelos.

2. Caliente el jamón en una sartén o parrilla (el microonda también le sirve).

3. Ahora, en cada plato, ponga dos rebanadas de panecillos boca arriba y sobre cada uno coloque una rebanda del jamón, seguido por un huevo y, apenas esté listo para servir, derrame la salsa holandesa encima y decore con un poquito del perejil o cebollín. Sirva inmediatamente.

Huevos florentinos

(Eggs Florentine)

Los Huevos florentinos toman su nombre de Catalina de Médici. Cuando la noble de Florencia se casó con el príncipe Enrique II de Francia, ella trajo consigo sus cocineros y chefs. Con ellos vinieron una cornucopia de nuevos ingredientes, incluyendo las alcachofas, el helado y las mollejas. El día que los chefs sirvieron estos huevos con espinaca, inmediatamente fueron nombrados Huevos florentinos, mejor conocidos en inglés como Eggs Florentine , hoy en día un clásico en el desayuno estadounidense.

PARA LA SALSA MORNAY

2½ cucharadas de mantequilla
3 cucharadas de harina blanca
2 tazas de leche caliente
2 onzas de queso rallado gruyere o suizo
¼ cucharadita de sal
⅛ cucharadita de pimienta blanca
Una pizca de nuez moscada

PARA LOS HUEVOS ESCALFADOS Y LA PRESENTACIÓN

3 tazas de agua
4 huevos grandes
Sal y pimienta
2 cucharadas de vinagre blanco
1 cucharada de aceite de oliva
3 tiras de tocineta, picadita
½ cebolla, picadita
5 tazas de espinaca fresca
2 panecillos ingleses (English Muffins), partidos y tostados
Cebollín o perejil picadito para decorar

1. En una sartén sobre fuego medio derrita la mantequilla. Apenas esté derretida agregue la harina y cocine por 1 minuto, batiendo constantemente con un batidor.

2. Agregue la leche poco a poco, batiendo constantemente hasta que esté totalmente incorporada.

3. Cocine por 3 minutos batiendo constantemente hasta que la harina esté cocida.

4. Agregue el queso y revuelva hasta que esté completamente derretido.

5. Apague la llama y termine con la sal, pimienta y nuez moscada.

1. En una olla caliente 3 tazas de agua. Mientras tanto, separe los huevos en 4 tasitas cortas y sazone con un poquito de sal y pimienta.

2. Apenas hierva el agua, baje la llama, agregue el vinagre, espere hasta que el agua deje de burbujear y delicadamente sumerja las tasitas una por una en el agua dejando caer cada huevo en ella y removiendo las tazas delicadamente. Tape la olla y cocine por 4 minutos.

3. Usando una espumadera, remueva cada huevo y colóquelo en un plato con una toalla de papel para absorber el agua restante.

4. Ahora, para la espinaca, simplemente caliente el aceite de oliva en una sartén grande sobre fuego medio. Agregue la tocineta y cocine de 2 a 3 minutos hasta que esté doradita.

5. Siga con la cebolla y, revolviendo, cocine por 2 minutos más hasta que esté translucida.

6. Ahora suba la llama a fuego alto, agregue la espinaca, sazone con un poquito de sal (esto ayuda a que la espinaca suelte el agua mas rápido, acelerando así su cocción) y cocine revolviendo y volteando la espinaca hasta que esté casi cocida, no más de 2 minutos.

7. Para componer el plato, arregle los panecillos abiertos y boca arriba en dos platos. Colme cada rebanada con la espinaca, seguida por los huevos y unas cucharadas de la salsa Mornay. Decore con un poquito de cebollín o perejil picadito y sirva inmediatamente.

Granola Parfait

La palabra parfait *en francés significa* perfecto *y comúnmente se utiliza para describir postres helados, sin embargo el* parfait *al norte de Estados Unidos evolucionó a lo que ahora se conoce como el delicioso Granola Parfait —un plato fácil de hacer y, mejor aun, súper nutritivo. También conocido como* muesli *o cereal rustico, el* granola *es una simple combinación de granos tostados comúnmente azucarados con miel o jarabe de arce y acompañado con nueces y frutas secas. Esto combinado con un poquito de yogur y miel forman un desayuno muy fresco y saludable.*

1 taza de frutas del bosque frescas (fresas, frambuesas y arándanos)

1 taza de granola

4 cucharadas de miel (o más, a gusto)

1 taza de yogur (preferiblemente griego)

En un vaso de vidrio alto, haga una base con unas cuantas frutas del bosque, luego coloque ¼ de taza de granola, cubra con un poco de miel, siga con una cucharada grande de yogur y construya el *parfait* capa por capa hasta llegar al tope del vaso. Sirva con una cuchara larga y disfrute.

Salmón ahumado

(Lox)

★ RINDE 2 PORCIONES ★

Lox toma su nombre del alemán y el yiddish, y significa "salmón". El lox es un cognado de laks laxa, daneses y noruegos de Islandia y Suecia. Pero en Estados Unidos esto se refiere a solamente una cosa en particular, el salmón dulce y delicioso común en la comunidad judía, pero disfrutado por todo el mundo como merienda, y especialmente durante el desayuno. Mi lox favorito es de un lugar llamado Russ & Daughters. Mark Russ Federman, el dueño de esta institución, ofrece un sándwich tradicional de Gravlax que lleva una capa de queso crema con cebollín, una rebanada de cebolla crujiente y picante, una rebanada de tomate jugoso, salmón y alcaparras, todo dentro de un bagel (rosquilla) tostadito. ¡Dios mío, qué increíble!

½ taza de sal

1 cucharadita de pimienta blanca molida

1 taza de azúcar blanca

½ libra de filete de salmón de buena calidad (limpio de escalas y huesos)

2 puñados de eneldo

1. Comience combinando la sal, la pimienta y el azúcar en un tazón.

2. Retire el salmón del paquete y enjuáguelo con agua fría. Seque el filete muy bien con una toalla de papel.

3. Llene un envase de plástico con tapa por la mitad con al combinación de sal y azúcar, encima, arregle el eneldo, sobre eso ponga el salmón, cubra con más ramitos de eneldo y termine con el resto de la sal y el azúcar. Cubra con la tapa y déjelo en la nevera por 2 días.

4. Cuando los 2 días hayan pasado, remueva el salmón de la nevera. En este punto, si el salmón nunca se congeló o la calidad de pescado no es la mejor, es necesario congelarlo durante al menos otros 2 días para matar cualquier bacteria restante. Luego, simplemente rebánelo y cómaselo en un bagel tostado, con un poco de queso crema, rodajas finas de cebolla roja, una rodaja de tomate y unas cuantas alcaparras.

Croquetas de papa

(Tater Tots)

★ RINDE 4 PORCIONES ★

En el primer lunes de cada año en Benton, Kentucky, miles de personas se preparan para celebrar el Festival de la Papa, también referido como el Tater Festival —la palabra tater *viene de la palabra papa en inglés:* potato. *Estas croquetas de papa son fritas hasta estar crujientes y tradicionalmente se sirven en el desayuno, pero también se pueden disfrutar con un buen sándwich como acompañamiento.*

2-3 papas grandes
Aceite vegetal
Sal y pimienta

1. Comience rallando las papas y remojándolas en agua fría.

2. Mientras tanto, en una sartén, agregue el aceite hasta llenarla por la mitad y caliente a 325°F. Escalde las papas por 3 minutos.

3. Con una cuchara ranurada quite las papas y arréglelas en un recipiente plano o una bandeja. Deje que las papas se enfríen un poco hasta que estén tibias.

4. Cuando las papas estén tibias, tome pedazos pequeños y ruédelos en bolitas. Tome cada bolita y aplaste dos lados para crear pequeños tubitos. Haga esto con toda la papa, refrigere de la noche a la mañana sin cubrir.

5. En la mañana siguiente, nuevamente caliente el aceite en una sartén a 350°F y fría los tubitos hasta que estén ligeramente doradas y crujientes.

6. Retire las croquetas del aceite y deje escurrir sobre toallas de papel.

7. Sazone con sal y pimienta. Sirva de inmediato con Aderezo Ranch (pág. 177) y salsa picante.

Gofres

(Waffles)

La wafflera electrónica fue introducida a las cocinas americanas en la primera parte del siglo XX. Pero esto simplemente facilitó la comedera de gofres en la casa. Los gofres han sido hechos desde la época medieval cuando la wafflera era simplemente dos placas de metal con diseño de panal de abejas, la cual se utilizaba encima de una hoguera. La palabra waffle *viene del holandés "wafel", y gofre, pues eso es de los franceses. Tan populares eran los gofres que hasta Thomas Jefferson —el autor de la Declaración de la Independencia de Estados Unidos— volvió de Francia con una wafflera.*

3   huevos grandes enteros

3   onzas de mantequilla sin sal, derretida

15 onzas de suero de leche

2   tazas de harina blanca

1   cucharadita de sal

4   cucharadas de azúcar blanca

½   cucharada de bicarbonato de sodio

1   cucharadita de polvo para hornear

½   cucharadita de canela

½   cucharadita de vainilla

⅓   taza de avena instantánea (opcional)

Aceite en aerosol

1. Combine todos los ingredientes mojados en un bol, y en otro cierna los ingredientes secos.

2. Agregue lo mojado a lo seco y bata lentamente hasta que tenga una masa homogénea.

3. Caliente la wafflera y rocíe con el aceite en aerosol. Siga las instrucciones de la wafflera para obtener gofres perfectamente crujientes, ligeros y deliciosos.

4. Sirva con jarabe de arce y mantequilla.

CONSEJO:

Si está haciendo gofres para toda la familia, manténgalos calientes en una bandeja en el horno a baja temperatura cubiertos con papel aluminio.

Omelet del Oeste

(Western Omelet)

La historia de la comida como la historia regular es simplemente un acontecimiento de lo pasado, cuentos y rumores de personas con artículos y fotos como evidencia. Pero más que todo, es una evolución, y muchas ideas normalmente son creadas al mismo tiempo por diferentes personas en diferentes partes del país. Esta es la historia del Omelet del Oeste, también conocido como el sándwich de Denver. Preparado inicial y supuestamente por vaqueros, ¡este omelet fue puesto entre dos pedazos de pan para crear un sándwich espectacular!

¼	taza de cebolla blanca, picadita
¼	taza de pimiento verde picadito
¼	taza de jamón, picadito
1	cucharadita de aceite
3–4	huevos
	Sal y pimienta

1. Comience cortando los vegetales y el jamón.

2. Ahora en una sartén sobre fuego medio, caliente el aceite y agregue los vegetales y el jamón. Cocine hasta que la cebolla esté transparente (4–5 minutos).

3. Mientras tanto, bata los huevos con una pizca de sal y pimienta, y agréguelos a la sartén, revolviendo todo con una cuchara de madera o una espátula por 1 minuto.

4. Cubra la sartén con una tapa y cocine hasta que el omelet este completamente cocido (3–5 minutos).

Panqueques

(Pancakes)

Estas delicias del desayuno, literalmente traducidas, son simplemente tortas cocidas en una sartén (pan: sartén + cakes: tortas). Tradicionalmente son servidas con un poquito de mantequilla y jarabe de arce, pero pueden ser ceremonialmente decoradas con frutas o nueces. Devoradas durante el desayuno, al mediodía o en la cena, son simples, económicas y súper fáciles de hacer.

3 cucharadas de azúcar

¼ cucharadita de sal

2 tazas de harina blanca

2½ cucharaditas de polvo para hornear

1½ taza de leche entera

3 cucharadas de mantequilla, derretida

2 huevos enteros

Aceite en aerosol

Mantequilla para untar al gusto

Jarabe de arce al gusto

1. Primero cierna el azúcar, la sal, la harina y el polvo para hornear en un bol grande.

2. Con su mano, haga un pequeño hoyo en el centro y agregue la leche, la mantequilla derretida y los huevos.

3. Bata lentamente, incorporando la harina poco a poco para crear una masa suave.

4. Vierta la masa (aproximadamente ¼ de taza) en una sartén caliente rociada con un poco de aceite en aerosol y cocine a fuego medio hasta que esté dorada. Voltee y cocine el otro lado hasta que esté doradita.

5. Remueva de la sartén y mantenga caliente en un plato cubierto con papel aluminio puesto sobre la mesa o dentro de un horno tibio, y luego sirva con mantequilla y jarabe de arce.

Tostadas francesas

(French Toast)

Las tostadas francesas —también conocidas como alemanas, tostadas estadounidenses, pan español, tostadas de monja, tostadas crema, tostadas del desayuno, tostadas Menonita, pain perdu, Panperdy, Arme Ritter, Suppe Dorate, Amarilla, Pobres Caballeros de Windsor— son las reinas del desayuno. Aunque fueron creadas en los tiempos de los romanos, y eran comida de los ricos, tenemos que agradecerle a los franceses porque ellos fueron los que las trajeron a Estados Unidos. Disfrutadas mayormente en la mañana, ahora son parte de los postres y hasta de los sándwiches como el Montecristo en la página 82.

3 huevos

½ taza de leche

½ taza de crema

½ cucharadita de vainilla

1 pizca de sal

½ cucharadita de canela

1 pan blanco (preferiblemente pan de huevo)

Aceite de canola

½ cucharada de mantequilla

1. En un tazón combine los huevos, la leche, la crema, la vainilla, la sal y la canela.

2. Corte el pan en rebanadas gruesas de 1 pulgada.

3. Ahora caliente una sartén con un poquito de aceite sobre fuego medio. Cuando el aceite este caliente, agregue ½ cucharada de mantequilla.

4. Meta el pan en la combinación de huevos por 3 segundos.

5. Cocine las tostadas de 2 a 3 minutos en cada lado hasta que estén doraditas. Repita con el resto del pan.

6. Sirva con jarabe de arce y mantequilla.

Sémola de maíz

(Grits)

★ RINDE 4 PORCIONES ★

La palabra "grits" es derivada de la palabra "grytt" del inglés antiguo, y quiere decir harina gruesa. Los grits o las papas del sur, como han sido llamados, están hechos de granos de maíz y son muy parecidos a la polenta. Para hacer grits blancos, el grano es remojado en una solución de lejía (hecha con cenizas de lenta quemada) para remover las cáscaras. Los grits amarillos se hacen con maíz amarillo seco y rallado, y también se pueden hacer con mote rallado, llamado en inglés Hominy Grits. Este plato se sirve principalmente para el desayuno en el sur de Estados Unidos.

2 tazas de agua

2 tazas de leche entera

4 cucharadas de mantequilla sin sal

1 taza de sémola de maíz, molida gruesa

4 onzas de queso cheddar rallado

Sal y pimienta negra

1. En una olla, caliente el agua y la leche con la mantequilla sobre fuego alto hasta que todo hierva.

2. Agregue la sémola y baje la llama a fuego medio. Con un batidor de mano, revuelva la sémola por 20 minutos hasta que esté completamente cocida.

3. Apague la llama, agregue el queso y revuelva hasta que este completamente derretido.

4. Pruebe la sémola, sazone con un poquito de sal y pimienta y sirva caliente.

Panecillos de suero de leche

(Buttermilk Biscuits)

La palabra "biscuit" se refiere a cualquier panecillo que es cocido dos veces, ya que "bis" es el derivado del latín que significa "dos"; y también se refiere a un tipo de torta rápida normalmente sin huevos, similar al biscocho aunque con el tiempo nada de eso importó más. Estos panecillos tradicionalmente son devorados durante el desayuno y son parte de la comida sureña y acompañantes de la barbacoa.

4 tazas de harina blanca

1 cucharada de polvo para hornear

2 cucharadas de bicarbonato de sodio

1 cucharada de sal

¼ taza de mantequilla fría

¾ taza de manteca vegetal o de cerdo

1½ tazas de suero de leche, más un poquito para glasear

1. Comience cerniendo la harina, el polvo para hornear y el bicarbonato de sodio sobre una mesa limpia y con suficiente espacio para hacer la masa.

2. Agregue la sal y con sus manos combine la mantequilla y manteca, rozando la harina con ella hasta que tenga granitos.

3. Haga un hoyo en el medio y agregue el suero de leche poco a poco, amasando lentamente hasta que tenga una masa suave.

4. Doble la masa 3 veces para crear capas en los panecillos.

5. Aplaste la masa hasta que este 1 pulgada de gruesa, y con un aro corte los panecillos.

6. Arregle los panecillos en una bandeja con papel de aluminio o papel pergamino para hornear, glaseé los panecillos con un poco de suero de leche y hornee a 375°F de 20 a 25 minutos hasta que estén doraditos.

Sándwich del tuerto Jack

(One-Eyed Jack Sandwich)

★ RINDE 1 PORCIÓN ★

La primera vez que comí este sándwich réquete increíble fue con mi amigo Erik. Una mañana que no me quería levantar los olores de pan tostado, mantequilla y huevos recién hechos me hicieron saltar de la cama para ver que estaba cocinando, y allí encontré esta delicia. Este plato es conocido por muchos nombres, ejemplos siendo Nido de pájaro, Huevos de ojo de buey, Huevos de vaquero, Huevos en el agujero, Huevo en un marco, Huevos en una manta, El ojo egipcio, El elefante de huevo bagel (cuando se usa un bagel en lugar de pan), Rana o sapo en un agujero, Huevos de la luna, Tostada del sol, Huevos Alabama, Tostadas de las Montañas Rocosas y Huevos mágicos. Y, créanme cuando les digo que realmente son mágicos.

1 cucharada de aceite vegetal
1 cucharada de mantequilla
2 rebanadas de pan blanco
2 huevos grandes
   Sal y pimienta
   Kétchup

1. Caliente una sartén con el aceite y la mantequilla sobre fuego medio hasta que la mantequilla esté derretida.

2. Mientras tanto, tome un aro pequeño y haga un pequeño hoyo en el medio de las rebanadas de pan.

3. Cocine el pan en la mantequilla por 30 segundos.

4. Ahora parta los huevos delicadamente en cada uno de los hoyos dejando que la yema caiga en el medio.

5. Cocine los huevos hasta que estén dorados, voltee el pan y cocine otra vez.

6. Remueva el pan, sazone con sal y pimienta, y sirva con un poquito de kétchup.

APERITIVOS, GUARNICIONES Y ANTOJITOS

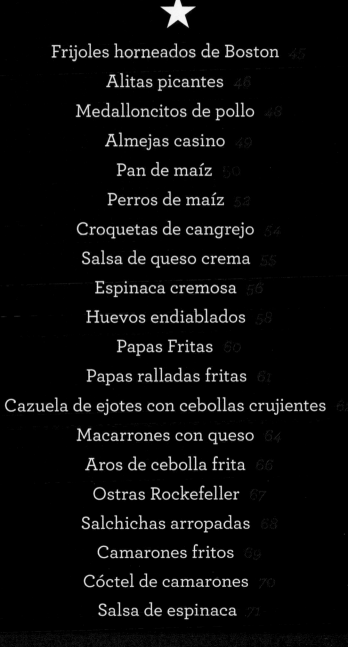

Los estadounidenses son expertos en las meriendas y las chucherías. Los platos rápidos, pequeños y que requieren poco tiempo en la cocina son los favoritos de costa a costa. Estos bocados son importantes porque de lo que se trata la cultura americana es de la celebración. Sea un juego de fútbol americano, el día de la independencia o las Navidades, la comida representa las celebraciones de la comunidad.

Frijoles horneados de Boston

(Boston Baked Beans)

★ RINDE 8 PORCIONES ★

Los indios de Estados Unidos fueron los primeros en cocinar frijoles, particularmente en tarros de cerámica grandes sobre fogatas. Los frijoles son una parte de lo que se conoce como las 3 hermanas (maíz, frijoles, y calabacín) que formaron la base de la dieta de los peregrinos e indios. En el siglo XVIII, Boston era uno de los exportadores más grandes de ron en el mundo. Siendo la melaza el mayor ingrediente en la producción de ron, la había en abundancia. Por ello, no tomó mucho tiempo que la melaza y los frijoles se combinaran con trozos de puerco ahumado para crear este plato dulce y salado.

12	tiras de tocineta, cortadas en trozos
1½	cebolla blanca picada
1	taza de salsa de tomate
⅓	taza de jarabe de arce
¼	taza de vinagre (preferiblemente de manzana)
¼	taza de mostaza seca
2	cucharadas de melaza ligera
1½	cucharadas de ajo picadito
1	cucharadita de sal
1	cucharadita de pimienta negra molida
1	libra de frijoles pintos secos (2 ¼ tazas)
8	tazas de agua
2	hojas de laurel

1. En una olla, que luego pueda meter al horno, cocine la tocineta con la cebolla a fuego medio hasta que la tocineta esté cocida y la cebolla transparente (5 minutos).

2. Agregue el resto de los ingredientes, menos los frijoles, las hojas de laurel y el agua, y combine bien.

3. Agregue los frijoles, combine bien y termine con el agua y las hojas de laurel.

4. Cocine en el horno a 350°F por 4 horas, destapado, revolviendo de vez en cuando hasta que los frijoles estén cocidos y la salsa quede gruesa.

Alitas picantes

(Buffalo Wings)

★ RINDE 1 PORCIÓN ★

Junto con una cerveza Budweiser y un buen juego de futbol americano, esta trinidad representa el alma del fanático del deporte en Estados Unidos. Considerada comida de barra, este antojito es típicamente servido bien caliente, picante, y acompañado con aderezo de queso azul, palitos de zanahoria y apio crudo para combatir el picor. Estas alitas fueron creadas en Buffalo, Nueva York, por Teressa y Frank Bellissimo, y el nombre quedó como chiste porque los búfalos no tienen alas.

6	tazas de aceite para freír
12	alitas de pollo
	Sal y pimienta
	Chile seco en polvo
1	taza de harina
½	taza de salsa picante roja
2–4	cucharadas de mantequilla
1	taza de Aderezo de queso azul (pág. 176)
1	tallo de apio, picado en palitos
1	zanahoria, pelada y picada en palitos

1. Caliente el aceite en una olla.

2. Mientras tanto, lave las alitas en agua fría, y corte en 3 pedazos entre el cartílago creando el muslito, el ala y la "mano" (o punta del ala).

3. Bote la punta y seque bien las otras partes con toallas de papel.

4. Cubra las alitas con sal, pimienta y chile seco.

5. En un tazón agregue las alitas con la harina y cubra bien.

6. Cuando el aceite haya llegado a 350°F, retire las alitas de la harina y fría las alitas de a 6, hasta que estén bien oscuritas y crujientes.

7. Retírelas del aceite y póngalas en el tazón ya lavado y secado.

8. Fría el resto de las alitas.

9. Cuando haya freído todas las alas, agregue la salsa picante con la mantequilla y revuelva bien hasta que todas las alas estén cubiertas con esta salsa.

10. Sirva con el Aderezo de queso azul, el apio y las zanahorias.

Medalloncitos de pollo

(Chicken Nuggets)

★ RINDE 3 PORCIONES ★

Estos quizás sean los bocadillos más famosos del mundo. Fueron popularizados en todo el mundo por las cadenas de comida rápida y son devorados por millones de niños y muchos adultos en Estados Unidos. Nuggets se traduce a trocitos o pequeños medallones; si prepara los trocitos de pollo empanizados en su casa, se puede asegurar de que la carne sea la mejor. A mi me gustan en docenas, y con salsa barbacoa.

2	tazas de pollo molido
½	cucharadita de sal
	Pimienta
1	huevo
½	taza de pan rallado
2	cucharadas de leche

PARA EMPANIZAR

1	taza de harina
3	huevos
2	tazas de pan rallado
	Aceite para freír

1. Combine el pollo molido, la sal, la pimienta, el huevo, el pan rallado y la leche en un envase y deje en la nevera por 2 horas.

2. Ahora, en una procesadora licúe la masa hasta que esté bien lisa.

3. Con sus manos forme "trocitos".

4. Empanice los trocitos con harina, huevo y pan rallado.

5. Fría en el aceite a 350°F hasta que queden doraditos (3–4 minutos).

Almejas casino

(Clams Casino)

★ RINDE 4 PORCIONES ★

Las Almejas casino son uno de esos platos clásicos creados alrededor de la primera parte del siglo XX. En esos tiempos si un restaurante se quería destacar, tenía que inventar un plato especial con mariscos. Creado en Rhode Island alrededor del año 1917 por Paran Stevens y Julius Keller en, lógicamente, un casino, se ha convertido en un plato clásico americano. Las Almejas casino y las Ostras Rockefeller (pág. 67) son dos de los platos creados en esa era que todavía sobreviven hoy en día.

6 tiras de tocineta, picadita

⅓ taza de chalotes picaditos

1 taza de pimiento rojo picadito

3 dientes de ajo, picaditos

¼ cucharadita de orégano seco

½ taza de vino blanco

4 cucharadas de queso parmesano rallado

Limón

Sal y pimienta negra

20 almejas grandes abiertas

Sal de roca gruesa

Aceite de oliva

½ taza de pan rallado

Perejil picadito

1. Empiece cocinando la tocineta en una sartén a fuego medio con los chalotes y el pimiento.

2. Cuando la tocineta esté cocida y doradita con los chalotes, añada el ajo, el orégano y el vino y cocine por 2–3 minutos hasta que casi todo el líquido se haya evaporado.

3. Apague el fuego, vierta todo en un tazón limpio y deje que se enfríe.

4. Cuando la mezcla se haya enfriado, agregue el queso, un poquito de limón y aderece con sal y pimienta.

5. Arregle las almejas abiertas y separadas de la concha, y devueltas en una bandeja encima de la sal de roca gruesa.

6. Rellene las conchas con una cucharada de la mezcla y póngale el pan rallado por encima. Glasee las simas de las almejas con un poquito de aceite de oliva y cocine en un horno a 500°F por 10 minutos.

7. Sirva caliente con trocitos de limón y perejil.

Pan de maíz

(Cornbread)

Si algún día se encuentra en una cena del Día de Acción de Gracias, celebrando que los peregrinos so-brevivieron el primer invierno con la ayuda de los indios, o si va a comer comida sureña, o si anhela un buen plato de barbacoa americana, no se olvide de pedir un buen pedazo de pan de maíz. Perfeccio-nado por los indios, este pan puede ser frito, horneado, cocinado sobre una fogata en una sartén de hierro fundido y, dependiendo de dónde proviene el pan, puede ser un poco dulce o completamente salado.

½ taza de mantequilla

½ taza de azúcar blanca

½ taza de yogur natural

½ taza de leche entera

2 huevos

1 taza de harina de maíz

1 taza de harina blanca

½ cucharadita de bicarbonato de sodio

2 cucharaditas de polvo para hornear

½ cucharadita de sal

1. Derrita la mantequilla en una olla mediana.

2. Agregue el azúcar, seguida por el yogur, la leche y los huevos y bata bien.

3. En otro tazón combine la harina de maíz con la harina blanca, el bicarbonato y el polvo para hornear más la sal y revuelva bien (no se preocupe si quedan grumos, simplemente no bata demasiado la mezcla para que no se endurezca el pan).

4. Vierta la mezcla en un molde para hornear de 9 pulgadas de tamaño y cocine de 25 a 33 minutos hasta que esté doradito y al introducirle un palillo o cuchillo en el centro este salga seco.

5. Saque el pan del horno, inviértalo sobre una re-jilla y deje que se enfríe hasta que esté tibio.

6. Envuelva el pan en un paño y cuando lo sirva, hágalo con mantequilla suave.

Perros de maíz

(Corn Dogs)

★ RINDE 6 PORCIONES ★

Si se encuentra en una feria de Estados Unidos, mirando los juegos mecánicos y los payasos y de repente le da hambre, siga con su nariz a la caseta más cercana que huela a masa frita con perros calientes. Allí encontrará uno de los antojitos favoritos de niños y adultos por igual: los perros de maíz. ¡A los estadounidenses les encantan tanto que les dedicaron un día especial! Esta celebración tiene lugar el primer sábado de marzo de cada año. ¡Felicidades!

¼ galón de aceite de canola

½ taza de harina blanca

½ taza de harina de maíz

1 cucharadita de polvo para hornear

1 huevo

½ taza de leche

Pizca de sal

Pizca de azúcar

6 pinchos de brocheta

6 salchichas

Harina

1. Comience calentando el aceite a 365°F.

2. En un tazón combine las harinas y el polvo para hornear con el huevo, la leche, la sal y el azúcar, y revuelva bien.

3. Inserte los palos en las salchichas.

4. En otro tazón, cubra las salchichas con un poquito de harina, y sacúdalas para deshacerse del exceso.

5. Sumerja las salchichas en la mezcla de maíz, y fría en el aceite caliente hasta que estén doraditas, más o menos 5 minutos.

6. Sirva con kétchup y mostaza.

Croquetas de cangrejo

(Crab Cakes)

Cuando yo era niño mi papá nos llevaba a mí y a mi hermano a cazar cangrejos. Siempre íbamos en la noche cuando todo estaba oscuro porque mi papá decía que a esa hora salían los cangrejos. Nos metíamos en el agua con una linterna y una red, y cuando veíamos un cangrejo ¡lo pescábamos! Cuando teníamos suficiente nos íbamos a la casa y los hervíamos en una olla. Cuando los cangrejos estaban listos poníamos la olla entera en la mesa y el banquete comenzaba. Esta es una de mis formas favoritas de comer cangrejo. ¿La segunda? Croquetas de cangrejo.

1½ tazas de buena carne fresca de cangrejo

1 taza de pan rallado

1 huevo

2 cucharadas de pimiento rojo picadito

1 cebolla de verdeo, picadita

2 cucharadas de mayonesa

1 cucharadita de jugo de limón

½ cucharada de perejil picadito

Sal kosher y pimienta negra

3 cucharadas de aceite para cocinar

Condimento Old Bay (opcional)

½ taza de salsa tártara

1. Precaliente el horno a 400°F.

2. En un tazón combine el cangrejo, ½ taza de pan rallado, el huevo, el pimiento, la cebolla de verdeo, la mayonesa, el jugo de limón, el perejil, sal y pimienta al gusto, y mezcle ligeramente con una cuchara asegurándose de no maltratar la carne de cangrejo para que se mantenga en pedazos grandes.

3. Tome un plato grande y forme una capa de pan rallado en la base.

4. Usando un aro (como una lata de atún a la que le haya quitado las dos tapas) haga croquetas de la masa y usando sus manos cúbralas delicadamente con el pan rallado.

5. Luego tome una sartén, agregue 3 cucharadas de aceite y caliente sobre fuego medio.

6. Cuando el aceite esté caliente y usando una espátula, coloque de 2 a 3 croquetas en la sartén de forma de no llenarla demasiado y que las croquetas no se toquen.

7. Cocine de 2 a 3 minutos hasta que se doren; voltéelas y cocine por 3 minutos más del otro lado.

8. Transfiera la sartén al horno y deje cocinar aunque sea 4 minutos.

9. Sirva caliente con un trozo de limón y una o dos cucharadas de salsa tártara.

CONSEJO:

El condimento Old Bay es una combinación de especias y hierbas hecho en Maryland usado para sazonar camarones y cangrejos. Está compuesto de mostaza, pimentón, semillas de apio, laurel, pimienta negra y roja, canela, clavo de olor, pimienta de Jamaica, nuez moscada, cardamomo, sal y jengibre, y es indispensable para obtener ese sabor auténtico de la costa norteamericana.

Salsa de queso crema

(Cream Cheese Dip)

Hay una tradición en Estados Unidos cuando la gente tiene fiestas de hacer lo que es llamado "dip". "Dip" es simplemente traducido como "sumergir". ¿Conocen ese dip que todo el mundo sirve para las Navidades que se hace con queso crema y con el paquetito de sopa de cebolla? Bueno eso es dip. Humus, guacamole, tzaziki, son todos tipos de dip. El dip americano es normalmente hecho con algún tipo de queso y en este caso con queso crema o queso filadelfia.

1 taza (8 onzas) de queso crema de paquete, a temperatura ambiente

¼ taza de leche

1 cucharadita de perejil picadito

1 cebollín, picadito

Sal y pimienta

1. En una batidora combine el queso crema con la leche de una cucharada a la vez hasta que el queso esté ligero y cremoso.

2. Agregue el perejil y el cebollín, sazone con sal y pimienta y sirva con galletitas saladas.

Espinaca cremosa

(Creamed Spinach)

★ RINDE 2 PORCIONES ★

Considerado un plato acompañante y tradicionalmente servido en churrasquerías, la espinaca con crema es una forma deliciosa de comer vegetales.

1   cucharada de mantequilla

1   cucharadita de harina blanca

½   taza + 1 cucharada de leche

Pizca de nuez moscada

1   chalote, picadito

1   cucharadita de tomillo (opcional)

Aceite de oliva

5   onzas de espinaca fresca, lavada y secada

Sal y pimienta fresca

1. En una sartén derrita la mantequilla sobre fuego medio.

2. Agregue la harina y bata bien con un batidor de mano.

3. Cocine por 1 minuto sobre fuego medio y agregue la leche.

4. Continúe batiendo por 1 minuto hasta que la leche se vuelva un poquito espesa.

5. Añada la nuez moscada, apague la llama, cubra con una tapa y reserve.

6. Luego, en otra sartén grande sobre fuego medio cocine el chalote con el tomillo con un poquito de aceite de oliva de 1–2 minutos hasta que estén doraditos.

7. Agregue la espinaca seca y cocine revolviendo hasta que la espinaca esté cocida y no quede líquido en la sartén.

8. Vierta la espinaca en la otra sartén con la crema y revuelva.

9. Sazone con sal y pimienta a su gusto. Sirva caliente.

Huevos endiablados

(Deviled Eggs)

★ RINDE 7 PORCIONES ★

Alrededor del siglo XIX el término "endiablado" empezó a ser utilizado para describir la comida picante en Estados Unidos. Estos huevitos serán llamados endiablados pero son mordisquitos del cielo ligeros y mi antojito favorito.

7 huevos grandes

¼ taza de mayonesa

1½ cucharadas de mostaza de Dijon

Sal gruesa y pimienta fresca

1 cucharada de pepinillos picaditos

Un par de toques de salsa picante

Páprika

Cebollines o cebolletas, picados finamente para decorar

Aceite de oliva

1. Tome uno de los huevos y sostenga la punta puntiaguda hacia abajo, utilice un palillo de dientes o chincheta para pinchar un pequeño agujero. Haga esto con todos los huevos.

2. Con cuidado, coloque los huevos en el agua utilizando un colador o una espumadera y cocine por 6 minutos.

3. Mientras tanto prepare un baño de hielo para los huevos.

4. Después de los 6 minutos, retire los huevos uno por uno y colóquelos en el agua con hielo. Deje que los huevos se enfríen por 10 minutos.

5. Luego, tome cada huevo y golpéelo suavemente por todas partes y devuélvalo al agua; esto ayudará a pelarlos.

6. Finalmente pele la cáscara de los huevos con cuidado, y enjuáguelos para quitar cualquier exceso de cáscara que quede pegada.

7. Corte los huevos por la mitad, separe las yemas en un bol, y disponga las claras en un plato.

8. Mezcle las yemas con la mayonesa y la mostaza de Dijon en un batidor.

9. Sazone con sal y pimienta, los pepinillos picados y la salsa picante, y bata hasta que todo quede bien mezclado.

10. Con una cuchara o manga rellene los huevos con la mezcla de las yemas.

11. Decore con un poquito de sal gruesa, la paprika y los cebollines. Llovizne con un poco de aceite de oliva por encima y sirva frío.

Papas fritas

(French Fries)

★ RINDE 2 PORCIONES ★

Si hay un plato acompañante, o antojito, que represente la comida americana más que cualquier otro son las papas fritas. Con hamburguesas, salchichas, sándwiches, cubiertas con salsa de queso o simplemente servidas solitas pero bien calientes con un buen frasco de kétchup, las papas fritas son de esas cosas que, no importa que se queme un poco, es su deber, su responsabilidad comerlas lo más rápido posible antes de que se enfríen.

2	cuartos de galón de aceite de cacahuate o canola
1	libra de papas medianas
	Sal

1. Para empezar, caliente el aceite en una olla a 350°F (asegúrese de usar un termómetro, ese es el truco para obtener papas fritas perfectas).

2. Pele las papas y córtelas en tiras de ¼ pulgadas de grosor y enjuáguelas en agua fría para lavarles parte del almidón.

3. Cocine en agua con sal por debajo de la ebullición por 12 minutos hasta que estén tiernas.

4. Cuele las papas y deje que descansen en toallas de papel para absorber el exceso de agua y déjelas a temperatura ambiente por lo menos 15 minutos para que se sequen.

5. Fría la mitad de las papas en el aceite, moviéndolas con una cuchara de madera para que no se peguen. Mantenga un ojo en el aceite y asegúrese que esté a una temperatura de 350°F constantemente. Cocine por 3–4 minutos hasta que formen una cáscara, pero no tomen ningún color.

6. Retire las papas fritas y suba la llama a 375°F.

7. Fría las papas por 2½–3 minutos más, y muévalas 2 o 3 veces con la cuchara de madera para evitar que se peguen.

8. Retire las papas del aceite y póngalas sobre papel absorbente.

9. Sazone con sal inmediatamente y sirva súper calientes.

Papas ralladas fritas

(Hash Browns)

★ RINDE 6 PORCIONES ★

Imagine mini papas fritas, hechas de papa rallada aplastada, formadas en discos, cocidos en una sartén hasta que estén doraditos y crujientes. Este acompañamiento clásico de Estados Unidos se sirve en el desayuno junto a los huevos fritos, una combinación riquísima.

3   papas medianas

¼   cucharadita de sal

⅛   cucharadita de pimienta negra

¼   taza de aceite canola

1. Comience hirviendo las papas en una olla, empezando con el agua fría, de 10–15 minutos hasta que estén cocidas.

2. Drene el agua y llene la olla con agua fría y hielo y deje que las papas se enfríen más o menos 15 minutos.

3. Luego empiece a calentar una sartén de teflón o de acero fundido sobre fuego medio.

4. Ralle las papas, colóquelas en un tazón, sazone con las especias y revuelva bien.

5. Agregue el aceite a la sartén y baje la llama a fuego lento.

6. Aplaste ligeramente las papas y forme tartaletas de 2 por 3 pulgadas en la base de la sartén para que queden medio finas como del grosor de un dedo.

7. Cocine por 5 minutos, pero siempre atento para voltearlas cuando estén doradita.

8. Agregue un poquito más de aceite alrededor del borde moviendo la sartén para que el aceite se meta debajo de las papas y, una vez que las voltee, cocine por 5 minutos más o hasta que las papas estén doraditas y crujientes.

Cazuela de ejotes con cebollas crujientes

(Green Bean Casserole with French's Onions)

★ RINDE 5 PORCIONES ★

En Navidad o el Día de Acción de Gracias en Estados Unidos hay ciertos platos necesarios e indispensables en la mesa. Este, amigos y amigas, es uno de esos platos. Fue creado en los años cincuenta por la compañía de sopa Campbell's y está simplemente compuesto por solo tres ingredientes: sopa de hongos, ejotes y cebollas crujientes.

1	cebolla grande
1	tazas de harina blanca
1	taza de pan seco rallado sazonado
12	onzas de ejotes frescos, limpios y con la cabecita removida
2	cucharadas de mantequilla
8	onzas de champiñones, limpios, secos y picados
1	cebolla pequeña
2	ramitos grandes de tomillo fresco
2	dientes de ajo, picaditos
1½	cucharadas de harina blanca
1	taza de agua
½	cubito de vegetales o de pollo
1	taza de crema de leche
	Sal y pimienta

1. Comience calentando el horno a 450°F.

2. Limpie una cebolla grande y rebánela lo más finito que pueda preferiblemente con una mandolina.

3. En un tazón grande combine la taza de harina blanca con la taza de pan y mezcle.

4. Agregue la cebolla rebanada y con sus manos unte todo asegurándose que todas las cebollas estén bien cubiertas con la harina.

5. Coloque las cebollas en una bandeja un poco engrasada separándolas bien. Écheles un chorrito de aceite de oliva y métalas al horno de 12–15 minutos hasta que estén doraditas y crujientes.

6. Para los ejotes, necesita escaldarlos para que queden bien verdecitos al final. Esto se hace tomando una olla y llenándola de agua. Agregue 1 a 2 cucharadas de sal, revuelva y pruébela: si sabe salada está bien, si no agregue un poquito más.

7. Espere a que el agua hierva pero mientras tanto llene un tazón de agua fría y añádale un poco de hielo.

8. Cuando el agua haya hervido agregue los ejote y hiérvalos por 4 minutos.

9. Al retirarlos del agua hirviendo, sumérjalos bruscamente en el agua con hielo. Esto frenará la cocción y los mantendrá bien verdes.

10. Para la crema de hongos, en una sartén grande derrita las 2 cucharadas de mantequilla sobre fuego medio.

11. Usando una cuchara de madera, cocine los hongos con la cebolla y el tomillo por 4 minutos revolviendo de vez en cuando.

12. Agregue el ajo picadito y continúe revolviendo por 2 minutos más.

13. Agregue la cucharada y media de harina blanca y cocine revolviendo constantemente por 1 minuto.

14. Agregue 1 taza de agua con el cubito de caldo y revuelva bien.

15. Cocine por 2 minutos hasta que esté un poco espeso, agregue la crema y cocine por 1 minuto más. La crema de hongos debería tener la consistencia de una buena sopa cremosa.

16. En este punto, apague la llama, añada los ejotes drenados y revuelva todo.

17. Pruebe la mezcla y sazone a su gusto con una buena cantidad de sal y pimienta.

18. Vierta los ejotes con la crema adentro de una cazuela, cubra con las cebollas crujientes y meta al horno a 375°F de 15–20 minutos hasta que empiece a burbujear por los lados. Sirva en familia.

Macarrones con queso

(Mac and Cheese)

★ RINDE 5 PORCIONES ★

El verdadero nombre de este plato debería ser macarrones con queso fundido. La verdad es que si hace esta delicia correctamente va a obtener el plato favorito de todos los niños de Estados Unidos. Este plato se compone simplemente de queso en una salsa bechamel revuelta con macarrones cocidos y servido calentito. Se dice que Thomas Jefferson, el tercer presidente de Estados Unidos, sirvió macarrones con queso en la Casa Blanca en el año 1802.

- 2 cucharaditas de sal marina
- 8 cucharadas (1 barra) de mantequilla
- ½ taza de harina blanca
- 5½ tazas de leche entera
- 1 libra (aproximadamente 16 onzas) de queso cheddar fuerte
- ½ libra de queso americano
- 1 libra de macarrones
- Pimienta negra molida

1. Comience hirviendo suficiente agua con un poquito de sal en una olla grande.

2. Mientras el agua hierve, tome otra olla y derrita la mantequilla sobre fuego medio.

3. Cuando la mantequilla esté completamente derretida agregue la harina y bata bien con un batidor.

4. Cocine la harina y la mantequilla por 2 minutos creando lo que los franceses llaman un *roux*, asegurándose de que no tome color.

5. Agregue la leche y bata bien; cocine hasta que el líquido hierva.

6. Cuando la mezcla haya hervido cocine batiendo de 2–3 minutos o hasta que no sepa a harina cruda.

7. Agregue el queso en trozos o rallado.

8. Apague la llama y revuelva hasta que el queso esté completamente fundido y tenga una salsa cremosa de queso. Cubra y deje a un lado.

9. Agregue la pasta a la olla con agua hirviendo y cocínela hasta que esté al dente, más o menos de 8–10 minutos siguiendo las instrucciones del paquete.

10. Drene la pasta del agua y sacuda bien para quitar la mayoría del exceso del agua.

11. Agregue la pasta a la salsa de queso y revuelva bien.

12. Sirva inmediatamente con pimienta al gusto, o vierta en una cazuela, cubra con migas de pan y hornee por 10 minutos hasta que quede doradito.

CONSEJO:

Algunas veces, dependiendo del queso que use, hay una posibilidad de que la salsa se separe (el aceite y lo sólido), pero no se preocupe, simplemente agregue un huevo entero cuando esté combinando la salsa con la pasta y revuelva bien. El calor cocina el huevo y crea un plato cremoso y

Aros de cebolla frita

(Onion Rings)

Cuando los estadounidenses van a comer comida rápida, y ordenan una buena hamburguesa, casi siempre tienen dos opciones: papas fritas o estos apetitosos aros de cebolla. Estos anillos han sido parte de la cultura de las hamburguerías de Estados Unidos por décadas, pero su primera aparición se da alrededor de los años veinte.

¼ galón de aceite para freír

2 tazas de harina blanca

1 taza de migas de pan

2 huevos

2 tazas de suero de leche

1 cucharada de salsa picante (opcional)

2 cebollas grandes

1. En una olla, caliente el aceite a 360°F.

2. Combine 1 taza de harina con la taza de migas de pan en un bol grande.

3. Bata los huevos con el suero de leche y la salsa picante en otro bol grande.

4. Pele las cebollas y córtelas en trozos de ½ pulgada de grosor.

5. Coloque el resto de la harina en otro bol. Ahora va a tener 3 bols para empanizar los aros de cebolla.

6. Ponga los aros de cebolla primero en la harina, seguido por los huevos, terminando con la mezcla de migas de pan.

7. Fría de 4 a 5 aros a la vez moviendo con una espumadera para asegurar que no se peguen.

8. Retire los aros después de 3 a 4 minutos, cuando estén doraditos, y póngalos sobre un plato grande con toallas de papel para absorber el exceso de aceite.

9. Sazone con sal y pimienta y sirva.

Ostras Rockefeller

★ RINDE 5 PORCIONES ★

Estos bocadillos fueron creados en Nueva Orleans en un restaurante llamado Antoine's alrededor del año 1899. El hijo del propietario, llamado Jules Alciatore, creó el plato al estilo de los caracoles franceses, que estaban en escasez, sustituyéndolos con ostras locales. Las llamó Ostras Rockefeller en honor a John D. Rockefeller, el hombre más rico del momento, ¡porque las ostras eran tan ricas!

3 onzas de espinaca sin tallos

2 cucharadas de aceite de oliva

1½ tazas de cebolla amarilla picada finamente

⅛ taza de apio picadito

½ cucharada de ajo picado

½ barra (2 onzas) de mantequilla

1 cucharada de Pernod o Absinthe

Sal y pimienta recién molida

¼ taza de migas de pan

15 ostras grandes y frescas, removidas de las conchas, reservando la concha de abajo

Sal gruesa

¼ taza de perejil picadito

1. Comience hirviendo 2 tazas de agua en una olla mediana.

2. Cuando haya hervido el agua, agregue la espinaca y cocine por 5 minutos.

3. Retire la espinaca y métala en un baño de agua con hielo para frenar la cocción y mantenerla bien verde, y reserve el agua caliente.

4. En una sartén sobre fuego medio vierta el aceite de oliva y cocine la cebolla con el apio por 3 minutos, revolviendo constantemente.

5. Añada el ajo y la mantequilla, y cocine por 1 minuto más.

6. Agregue el licor, seguido por la espinaca y 1½ tazas del agua reservada.

7. Hierva la mezcla por 10 minutos hasta que se reduzca un poco, sazone con sal y pimiento y licúe ligeramente.

8. Agregue las migas de pan y el perejil, y enfríe la salsa hasta que esté listo para usarla.

9. Para hacer las ostras, empiece calentando el horno a 400°F.

10. Vierta una capa de la sal gruesa encima de una bandeja y coloque las conchas de las ostras con una ostra limpia dentro.

11. Agregue de 2–3 cucharadas de la salsa encima y cocine de 15–20 minutos hasta que la salsa esté completamente derretida y las ostras cocidas.

12. Sirva inmediatamente.

Salchichas arropadas

(Pigs in a Blanket)

★ RINDE 4 PORCIONES ★

Definitivamente mi antojito preferido de los últimos años son estos mini perros calientes llamados sal-chichas de cóctel (cocktail wieners) envueltos en masa de pan. De verdad, si mis amigos dan una fiesta donde planean servir estos bocadillos y saben que yo definitivamente voy, toman precauciones para que yo no me los coma todos. Tradicionalmente servidos para fiestas especialmente durante las Navi-dades, estas salchichitas son inolvidables e increíblemente adictivas.

1 paquete de masa de hojaldre

Harina blanca

1 docena de mini salchichas

2 huevos

Salsa secreta para hamburguesas
(pág. 180)

1. Disponga la masa para hojaldre en una mesa ligeramente cubierta con harina blanca y amase hasta tenerla más o menos a $1/8$ de pulgada de grosor.

2. Ponga la masa en una bandeja, cubra con papel plástico y refrigere por 15 minutos.

3. Retire la masa de la nevera y corte tiritas 1 pulgada de anchas y 2½ pulgadas de largas.

4. Enrolle las salchichas en la masa, y arréglelas en una bandeja para hornear con un poquito de aceite.

5. Bata los huevos con ½ cucharadita de agua y glasee las salchichas.

6. Cocine en horno a 375–400°F de 10–15 minutos hasta que estén doraditas.

7. Sirva con la Salsa secreta para hamburguesas.

Camarones fritos

(Popcorn Shrimp)

★ RINDE 3 PORCIONES ★

¿Sabe lo que pasa cuando se pone a comer palomitas de maíz? No come una sola. No, no. Agarra un puñado, tras otro puñado, y cuando se quiere dar cuenta ¡ya se ha comido la bolsa entera! Bueno, ocurre lo mismo con estas palomitas. Se las llama palomitas de camarón o camarones fritos por el tamaño y porque son ligeras y crujientes pero llenitas de sal marina y jugos deleitosos.

1	libra de camarones (mientras más pequeños, mejor)
1½	cucharaditas de sal marina
1½	cucharadas de pimentón
1½	cucharaditas de perejil seco
1½	cucharadas de pimienta de cayena
	Aceite de canola para freír
½	taza de harina blanca
3	huevos grandes, ligeramente batidos
2	tazas de migas de pan
1	limón en rodajas para decorar
	Salsa picante o salsa tártara
1	manojo de perejil fresco, picado para decorar

1. Comience lavando los camarones, y quitando las cáscaras y tripas.

2. Sazone con la sal, el pimentón, el perejil seco y la pimienta de cayena, y deje que los camarones reposen y se marinen por 10 minutos.

3. Mientras tanto, ponga una olla grande con aceite por la mitad a calentar a 350–360°F y prepare 3 platos para poder empanizar.

4. En un plato coloque la harina blanca, en el otro los huevos batidos y en el último las migas de pan.

5. Tome ¼ de los camarones, métalos en el plato con harina y luego sacúdales cuanta harina pueda y métalos en el huevo.

6. Revuelva los camarones en el huevo hasta que estén completamente untados, retírelos del plato y colóquelos en las migas de pan.

7. Con una servilleta séquese las manos y revuelva los camarones en el pan hasta que estén completamente cubiertos.

8. Fría los camarones hasta que queden doraditos (mas o menos 2–3 minutos).

9. Retire los camarones y déjelos reposar sobre un plato con toallas de papel que absorban el exceso de aceite.

10. Repita el proceso con el resto de los camarones.

11. Sirva bien calientes con salsa picante o salsa tártara y decore con el limón y el perejil.

Cóctel de camarones

(Shrimp Cocktail)

★ RINDE 3 PORCIONES ★

El cóctel de camarones ha sido parte de la comida norteamericana desde 1900. La historia cuenta que alrededor de esa época, dado que la prohibición no permitía la venta de alcohol, el nombre de este plato resultaba muy tentador. Usando las copas hechas para beber cócteles, estos camarones fríos eran servidos con una salsa clásica a base de salsa de tomate con rábano picante, pimentón y jugo de limón.

PARA LA SALSA DE CÓCTEL

½ taza de salsa de tomate de buena calidad

1 cucharada de rábano picante

1 cucharada de jugo de limón

¼ cucharada de salsa picante

Pizca de sal y pimienta negra molida

Mezcle todos los ingredientes en un tazón y enfríe.

PARA LOS CAMARONES

15 camarones grandes con concha

¼ taza de sal marina

¼ taza de azúcar

1 taza de agua

2 tazas de hielo

Aceite de oliva

Condimento Old Bay

1. Limpie los camarones usando un cuchillo filoso para hacer una incisión transversal y remover las tripas.

2. Coloque los camarones limpios en una bolsa Ziploc con el resto los ingredientes menos el condimento Old Bay.

3. Meta en la nevera y deje que los camarones se remojen por media hora.

4. Caliente el horno lo más alto posible, preferiblemente en "asar", y ponga una bandeja para hornear a calentar adentro.

5. Enjuague los camarones bajo agua fría, séquelos con toallas de papel, aderece con aceite de oliva y sazone con el condimento Old Bay.

6. Ase los camarones en la bandeja caliente en una capa uniforme por 2 minutos , voltéelos y ase por 2 minutos más.

7. Transfiera los camarones a una bandeja fría y meta en el congelador inmediatamente hasta que estén completamente fríos (10–15 minutos).

8. Pele los camarones y sirva con la salsa de cóctel bien fría.

Salsa de espinaca

(Spinach Dip)

★ RINDE 4 PORCIONES ★

Los estadounidenses tienen una tradición para las fiestas llamado el "dip", es decir, la salsa en donde se sumerge todo tipo de delicias. Este dip algo cremoso es servido en un tazón acompañado con vegetales crujientes y pan tostado o papitas. El dip es considerado el rey de los antojitos y es comúnmente traído a una fiesta por los invitados como regalo.

1 receta de Espinaca cremosa (pág. 56)

¼ taza de leche

1 paquete (8oz) de queso crema

1. Siga las instrucciones de la página 56 para preparar la Espinaca cremosa.

2. Caliente la leche y agregue el queso crema en trocitos y licúe bien.

3. Agregue la mitad de la espinaca y licúe por 1 segundo para obtener trocitos de espinaca en la crema.

4. Combine el resto de la espinaca con la salsa de crema y sirva caliente.

CONSEJO:

Si decide servir el dip frío simplemente añada ¼ de taza de leche más ya que cuando el dip se enfría naturalmente se espesa.

SÁNDWICHES

La filosofía estadounidense es simple: rápido, práctico y barato. Esto se presta perfectamente al plato preferido de los Estados Unidos de América: el sándwich. La historia del sándwich es la siguiente: John Montagu, el cuarto conde de Sándwich, un aristócrata del siglo XVIII, en el medio de un juego de cartas intenso le pidió a su sirviente que le trajera un pedazo de carne entre dos rebanadas de pan para poder comer sin dejar de jugar. La gente le prestó atención y comenzaron a ordenar lo mismo "al estilo Sándwich" y el resto, como dicen, es historia.

Sándwich de tocineta, lechuga y tomate

(BLT)

Cada vez que mi abuela Alicia viene a visitarnos, yo puedo estar seguro de que en la mañana me voy a despertar con la casa oliendo a pan tostado y tocineta. Ella prepara unos sándwiches espectaculares que los estadounidenses llaman BLT, por Bacon, Lettuce, and Tomato, es decir, tocineta, lechuga y tomate. Jugoso, con tocineta ahumada entre pan caliente tostado untado con un poquito de mayonesa cremosa, este es uno de los sándwiches más simples y más ricos que uno puede comer, o tal vez es porque siempre me recuerda a ella.

8   tiras de tocineta

4   rebanadas de pan (tostado y caliente)

2   cucharadas de mayonesa
     Pimienta fresca molida

1   tomate (maduro y jugoso)

2   hojas grandes de lechuga iceberg

1. En una bandeja para hornear arregle las tiras de tocineta, prenda el horno a 400°F e inmediatamente meta la bandeja en el horno frío y deje que la tocineta se cocine de 10 a 15 minutos hasta que esté crujiente y linda.

2. Remueva del horno y transfiera la tocineta a un plato con toallas de papel.

3. Unte el pan con la mayonesa, sazone con bastante pimienta, arregle la tocineta seguida por el tomate y la lechuga, y sirva inmediatamente.

Sándwich de queso y carne a la Filadelfia

(Philly Cheesesteak)

★ RINDE 4 PORCIONES ★

Filadelfia, la ciudad de la hermandad. Eso es hasta que uno empieza a hablar del sándwich adorado por la ciudad y si Pats o Genos es el mejor. Estos dos restaurantes están ubicados uno frente al otro en la Novena avenida. El sándwich, creado alrededor del año 1930 por Pat and Harry Olivieri, es una simple combinación de carne tradicionalmente hecho con entrecot rebanado bien finito cocido con cebollas y servido adentro de un pan largo italiano con queso derretido o el queso Cheez Whiz.

1½   libra de carne entrecot

4   panes largos, cortados por la mitad a lo largo, pero sin separar

1   cebolla blanca grande

1   pimiento rojo grande

1   pimiento verde grande

2   cucharadas de aceite de oliva

    Sal y pimienta

8   rebanadas de queso provolone (o ½ taza de queso Cheez Whiz)

    Kétchup

1. Comience congelando la carne de 1 a 2 horas hasta que esté media congelada.

2. Mientras tanto prenda el horno o prepare una tostadora para calentar el pan.

3. Ahora rebane la carne bien finita, lo más fina que pueda, y deje que la carne se descongele completamente.

4. Limpie la cebolla y rebánela, limpie los pimientos y rebánelos.

5. En una sartén grande caliente el aceite sobre fuego medio y cocine los pimientos con la cebolla por 5 minutos hasta que estén completamente cocidos y empiecen a quemarse un poquito. Remueva la cebolla con los pimientos y póngalos en un bol.

6. Ahora, sazone la carne con sal y pimienta, suba la llama a fuego alto y déjelo así por 1 minuto hasta que empiece a echar un poco de humo. Agregue la carne a la sartén y cocine por 1 minuto a fuego altísimo hasta que la carne esté casi cocida. Agregue la cebolla y los pimientos y apague la llama.

7. Caliente el pan en el horno o en la tostadora, agregue la carne revuelta con las cebollas y pimientos, siga con el queso, el kétchup y ya! Sirva inmediatamente, este sándwich se sirve súper caliente y tal vez con un poquito de salsa picante al lado, si le apetece.

Sándwich de queso caliente

(Grilled Cheese Sandwich)

★ RINDE 1 PORCIÓN ★

Este sándwich humilde y caliente, de pan y queso, hecho a la plancha con una cucharadita de mantequilla es definitivamente la definición de la simple bondad. Adorado por todos, es una de las cosas de la vida en que uno siempre puede contar.

- 4 cucharadas de mantequilla
- 2 rebanadas de queso americano amarillo (preferiblemente de marca Kraft)
- 2 rebanadas de pan blanco

CONSEJO:

Una combinación clásica de Estados Unidos en noches de lluvia es este sándwich de queso con un plato de Sopa cremosa de tomate (pág. 116). La unión es perfecta.

1. En una sartén sobre fuego medio derrita 2 cucharadas de mantequilla, sin que tome color.

2. Ahora tome las rebanadas de queso americano y ponga una sobre cada rebanda de pan blanco.

3. Junte las dos rebanadas de pan con queso, coloque el sándwich en la mantequilla y cocine de 2 a 3 minutos hasta que el pan esté bien doradito de un lado.

4. Retire el sándwich de la sartén, coloque 2 cucharadas de mantequilla, permita que se derrita y devuelva el sándwich a la sartén con el lado que no está dorado, hacia abajo. Cocine por 2 a 3 minutos más hasta que esté doradito y el queso de adentro esté completamente derretido. Corte el sándwich por la mitad y sirva bien caliente.

La hamburguesa americana clásica

★ RINDE 4 PORCIONES ★

La hamburguesa americana es el la embajadora de Estados Unidos para el mundo entero. Considerada el sándwich más famoso que representa todo lo que es este país, ningún otro plato se vende más o trae más nostalgia al paladar que la grandiosa hamburguesa americana. En Estados Unidos durante el siglo XIX, la invención de máquinas para moler carne encendieron la pasión del estadounidense por la hamburguesa y el resto, como bien dicen, es historia.

8 onzas solomillo, limpio de cartílago y cortado en cubitos de ½ pulgada

4 onzas de carne aguja, limpia de cartílago y cortada en cubos de ½ pulgada

4 onzas de pecho de res, con la tapa de grasa, limpia de cartílago y cortada en cubos de ½ pulgada

½ cucharadita de aceite

Sal y pimienta molida negra

4 rebanadas de queso americano amarillo (preferiblemente de marca Kraft)

2 cucharadas de mantequilla suave

4 rollos de pan de papa (preferiblemente Martin Potato Rolls)

1 receta de Salsa secreta para hamburguesas (pág. 180)

4 hojas de lechuga de hoja verde

8 rebanadas de tomates maduros y jugosos

1. Lo primero que tiene que hacer es moler su carne. Ahora, si no quiere o puede moler su propia carne, debe recurrir a su carnicero. Por favor, le ruego, vaya al carnicero y no haga más nada hoy que hamburguesas si es necesario —le prometo que la diferencia es inolvidable.

2. Coloque la carne cortada con las hojas para moler en una bandeja con suficiente espacio entre los trozos de carne, y déjela reposar por 15 minutos en el congelador. Luego, sazone con sal y pimienta, revuelva bien, combine los trozos y muela la carne, dos veces.

3. Unte una sartén de acero fundido con un poquito de aceite y comience a calentar sobre fuego alto. Haga 4 bolitas de carne, sazónelas con sal y pimienta y colóquelas, del lado sazonado hacia abajo en la sartén cuando ya esté echando humo. Cocine por 1 minuto y voltee.

4. Tome la espátula y rocíe un poquito de aceite en la parte de atrás y aplaste la hamburguesa con ella. Esta técnica es literalmente llamada la técnica de aplastar y es la que crea una hamburguesa bien jugosa con trocitos tostados de carne por los lados.

5. Cubra cada hamburguesa con 1 rebanada de queso y cocine de 1 a 2 minutos más, o hasta que el queso esté derretido, y remueva de la sartén.

6. Mientras tanto, unte un poquito de la mantequilla en el lado de adentro de los rollos de pan y tueste ligeramente.

7. Luego, unte el pan con una cucharadita de la Salsa secreta para hamburguesas y arregle una hoja de lechuga con dos rebanadas de tomate en un lado del pan. En el otro coloque la hamburguesa. Junte los dos lados del pan y sirva caliente.

Hay un millón de variaciones de la hamburguesa: con Chili (pág. 114); hawaianas con jamón y piña; adentro de un Sándwich de queso caliente (pág. 77), llamado el Patty Melt; la hamburguesa pizza con salsa marinera y queso mozzarella; la hamburguesa con huevo; la hamburguesa de California con aguacate; y mucho más.

Sándwich de carnes, vegetales y queso

(Hoagie)

El Hoagie originó en el área de Filadelfia. Durante la Primera Guerra Mundial, empleados italianos que trabajaban en una pequeña isla llamada Hog Island se llevaban sándwiches repletos de rebanadas de jamones y salchichones fríos con queso para su almuerzo. Con el tiempo, este sándwich italiano se comenzó a llamar el sándwich de la isla Hog, o el Hoagie.

½ cebolla pequeña, en rebanadas muy delgadas

3 cucharadas de aceite de oliva

½ cucharadita de orégano seco, desmenuzado

1 cucharada de vinagre de vino tinto

2 pimientos cereza de botella, en rodajas finas

Sal y pimienta negra

2 rollos de pan para sándwich italiano o un pan italiano de 12 pulgadas

2 cucharadas de mayonesa

6 rebanadas de salami (dulce o picante)

6 rebanadas finas de capicola o jamón picante

6 rebanadas delgadas de queso provolone

2 hojas grandes de lechuga

6 rodajas finas de tomate

1. En un tazón combine la cebolla, el aceite de oliva, el orégano, el vinagre y los pimientos con un poco de sal y pimienta negra y revuelva bien.

2. Ahora abra el pan, unte con un poco de mayonesa de los dos lados, coloque las carnes, doblándolas para crear más texturas, el queso, la lechuga, las rodajas de tomate y termine con la ensalada de cebolla y pimientos.

3. Agregue una cucharada del líquido de la ensalada, cierre el sándwich y sirva.

CONSEJO:

Como muchas otras recetas de este libro, estos sándwiches pueden ser preparados en la mañana y servidos al mediodía. Esto permite que se medio marinen y sepan aun más ricos.

Perro caliente

(Hot Dog)

★ RINDE 6 PORCIONES ★

Es innegable que a los estadounidenses les encanta los perros calientes. Servidos por los millones en juegos de béisbol en todo el país, rematados con todo desde chili y queso derretido en Texas, a pepinillos encurtidos y tomate en Chicago, envueltos en tocineta, cebollas y chucrut en Nueva York y hasta rebozados en masa de maíz y fritos, el perro caliente es el Robin del Batman de Estados Unidos. Aquí le dejo una receta clásica del perro caliente al estilo Chicago. Espero lo disfrute.

6   perros calientes de buena calidad, cocinados (siga las instrucciones del paquete)

6   rollos de pan para perros calientes con semillas de amapola

    Mostaza amarilla

½   taza de pepinillo encurtido dulce y picadito

1   cebolla picadita

1   tomate, cortado por la mitad y después en rodajas

18   pepinillos encurtidos en rebanadas

12   pimientos picantes pequeños de jarra

    Sal de apio

1. Comience colocando a su perro caliente en el pan.

2. Agregue la mostaza directamente sobre el perro de un extremo al otro.

3. Añada una generosa cantidad de pepinillo picadito dulce.

4. Coloque 1 cucharada de las cebollas.

5. Ahora añada dos rodajas de tomate.

6. Siga con las rebanadas de pepinillo encurtido.

7. Coloque dos de los pimientos picantes pequeños.

8. Espolvoree con una pizca de sal de apio y repita hasta tener todos los perros calientes armados, y sirva.

Sándwich Montecristo

Este sándwich, el cual se puede disfrutar en el desayuno o la cena, es una evolución del sándwich francés llamado Croque Monsieur. El Montecristo se popularizó en la década de los cincuenta en California. Nadie sabe la verdad de por qué se llama así y, a pesar de que se encuentran acontecimientos de muchos sándwiches similares que datan antes de 1950, el nombre sigue siendo un misterio.

1 receta de Tostadas francesas (pág. 38)

4 rebanadas de pavo delgada

4 rebandas finas de jamón cocido

4 rebanadas de queso suizo delgado

2 cucharadas de mantequilla

Azúcar en polvo

Mermelada de fresas o frambuesa

1. Sobre las rebanadas de tostada francesa, coloque el pavo, jamón y queso.

2. En una sartén, derrita la mantequilla y caliente el sándwich sobre fuego medio de 2 a 3 minutos de cada lado hasta que estén doraditos.

3. Espolvoree con el azúcar y sirva caliente con la mermelada al lado.

Sándwich Muffaletta

"El pan es todo!" En verdad eso es lo que yo pienso acerca de casi todos los sándwiches, pero en este caso, la combinación de sabores y texturas es lo que hace a este sándwich un clásico de Nueva Orleans en Louisiana.

PARA EL RELLENO

- 1 taza de aceitunas sin semilla, preferentemente una mezcla, picadas
- ½ taza de pimiento rojo asado en aceite, cortado en tiras
- ½ cucharada de orégano seco
- 1 cucharada de chalotas, picadita
- 1½ cucharada de apio, picadito
- 3 cucharadas de aceite de oliva
- 1½ cucharada de vinagre de vino tinto
- Sal y pimienta

PARA EL SÁNDWICH

- 1 pan redondo para Muffaletta (pan focaccia funciona también, y si no compre masa para pizza y cocínela en bolas aplastadas, eso creará un pan muy similar)
- 4 onzas de jamón
- 4 onzas de salami, capicola o una mezcla de los dos, en rodajas finas
- 4 onzas de mortadela cortada en rodajas finas
- 4 onzas de queso provolone

Combine todos los ingredientes y deje que se marine aunque sea media hora.

1. Arregle una hoja de papel aluminio grande (2 pies x 1 pie) seguido por una hoja de papel pergamino del mismo tamaño.

2. Corte el pan por la mitad y colóquelo en el medio de la hoja de papel. Coloque la mitad de la ensalada de aceitunas sobre una rodaja de pan, seguido por el jamón, salami y mortadela, doblados para crear textura, y agregue el queso.

3. Coloque el resto de la ensalada arriba de los fiambres y cierre con la otra rodaja de pan. Tome el papel con el aluminio y envuelva al sándwich bien.

4. Refrigere por lo menos 1 hora o de la noche a la mañana. Esto permitirá que todos los jugos penetren el pan creando una Muffaletta clásica.

Sándwich de pastrami en pan de centeno

(Pastrami on Rye)

★ RINDE 6 PORCIONES ★

Pastrami es falda de carne a la salmuera con sal y especias para curarla, lo cual la transforma en carne en conserva. Esta carne luego es cubierta con especias y ahumada. El folclore nos dice que el pastrami llegó a las orillas de Estados Unidos vía inmigrantes judíos en la segunda parte del siglo XIX. La palabra es derribada del yiddish pastromé, y fue adoptada por los rumanos, turcos y rusos. Hay mucha disputa cuando se habla acerca de quién fue el que creó el primer sándwich de pastrami en Nueva York, algunos creen que fue en Sussman Volk y otros están a favor del Deli de la Segunda Avenida —ambos abrieron en 1887. La verdad es que no importa; lo que sí importa es que ahora tenemos este delicioso sándwich.

12 rebanadas de pan de centeno

6 cucharadas de mostaza

6 pepinos encurtidos

PARA EL PASTRAMI

2 libras de falda de res

2 cucharadas de pimienta negra

3 hojas de laurel

2 cucharadas de semillas de mostaza

1 cucharada de bayas de enebro

½ cucharadita de pimienta de Jamaica

½ taza de ajo fresco aplastado

½ taza de azúcar morena

½ taza de sal marina

3 tazas de agua

1. Haga la salmuera para el pastrami combinando todos los ingredientes (menos la falda de res) en una olla a fuego medio y hierva hasta que toda la sal y azúcar esté disuelta. Luego enfríe todo en la nevera.

2. En una bolsa ziplock, combine la falda con la salmuera, cierre la bolsa sacándole todo el aire y déjela en la nevera fuera de la luz por 10 días. Ahora tiene carne en conserva.

3. Para hacer pastrami, saque la carne de la salmuera y enjuáguela en agua fría. Luego, remoje la carne en agua fría por 3 horas para remover el exceso de sal.

4. Seque la carne, cúbrala con pimienta y huméela hasta que llegue a una temperatura interna de 150°F.

5. Sirva inmediatamente, o si lo desea de la misma forma que lo sirven en Nueva York, cocínela al vapor por 30 minutos más, esto resulta en un pastrami bien suavecito.

6. Sírvalo en pan de centeno con mostaza y pepinos encurtidos.

Sándwich de camarones

(Po' Boy)

★ RINDE 2 PORCIONES ★

"Po' Boy", significa poor boy, *o en español: pobre chico. Estos son sándwiches tradicionales de Louisiana compuestos con algún tipo de comida, la más comúnmente siendo algo del mar, frito y servido en pan francés. Hay muchas historias sobre el nombre del mismo, pero lo más probable es que haya ocurrido lo que sucede con la mayoría de los platos clásicos. Los sándwiches siempre han sido el alimento del trabajador, los obreros que necesitan preparar un almuerzo abundante, barato y que pueda ser consumido sin el uso de utensilios. Por lo tanto, Nuevo Orleans dio a luz a una magnífica comida, un sándwich para el chico pobre del trabajo. Lo que sigue es una receta de Po' Boy de camarones crujientes.*

1	cucharada de condimento Old Bay
2	tazas de harina
15	camarones de tamaño mediano, pelados y limpios
2	huevos ligeramente batidos
1	cuarto de galón de aceite para freír
2	barras de pan francés
2	cucharadas de mayonesa
1	taza de lechuga picada
6	rodajas de tomates maduros
1	limón cortado en trozos
	Salsa picante

1. Añada el condimento Old Bay a la harina y mezcle. Unte el camarón en la harina, póngalos en la mezcla de huevo y luego devuélvalos a la harina empanizándolos.

2. Sacuda el exceso de la harina y fría en aceite de 350 a 365°F hasta que estén doraditos, de 2 a 3 minutos. Remuévelos del aceite, colóquelos sobre un plato recubierto con una toalla de papel y sazone con un poco más del condimento Old Bay.

3. Corte el pan y ligeramente tuéstelo en el horno, luego unte alrededor de ½ cucharada de mayonesa sobre cada rodaja de pan, arregle la lechuga sobre una de las rodajas, seguida por los tomates, y encima coloque los camarones fritos.

4. Sirva con un par de trozos de limón al lado y mucha salsa picante.

Sándwich de puerco desmenuzado

(Pulled Pork Sandwich)

★ RINDE 6–8 PORCIONES ★

Este sándwich es uno de los más populares en el sur de Estados Unidos. Normalmente se hace con la carne desmenuzada de un puerco entero ahumado durante hasta veinticuatro horas, lo cual crea una joya de color rubí. Al abrirlo, revela una carne suave, cremosa y ahumada que se desmenuza simplemente con la mirada. Aquí tiene una receta más fácil, hecha con paletilla.

1 receta de Polvo mágico (pág. 131)

½ paletilla (preferiblemente la parte de arriba)

2–3 cucharadas de aceite de canola

¼ taza de vinagre (de manzana o blanco) más 2 cucharadas para el final

2 cucharadas de melaza o azúcar morena

1 taza de caldo de pollo, vegetal o una cerveza

1 receta de Salsa barbacoa de Kansas (pág. 184)

6–8 rollos de pan de papa

1 receta de Ensalada de repollo (pág. 101)

1. Comience preparando el adobo también conocido como el Polvo mágico.

2. Ahora caliente el horno a 300°F. Tome su paletilla de puerco y lávela bien, séquela bien con toallas de papel y colóquela en una bandeja para asar.

3. Con un cuchillo bien afilado, o con un cortador de cartones, haga rajas por todo el alrededor del puerco cortando por la piel y terminando en la carne. Unte toda la paletilla con bastante adobo.

4. Tome el aceite y frote el puerco entero, luego repitiendo con el adobo. Ahora arregle la paletilla hueso hacia arriba de tal forma que la parte cortada sin piel quede hacia abajo y la paletilla quede parada con la parte más delgada mirando hacia arriba.

5. En un tazón, combine el vinagre, la melaza y el caldo o cerveza y viértalo al fondo de la bandeja.

6. Envuelva la bandeja por arriba con papel aluminio y cocine por 3 horas rociando con el liquido de la bandeja por todas las rajas, cada hora.

7. Al terminar las 3 horas, descarte el papel aluminio, cubra liberalmente el asado con la salsa barbacoa y cocine a la misma temperatura por 1 hora más.

8. Ahora, remueva la paletilla del horno y permita que repose por 20 minutos o hasta que esté suficientemente tibia para agarrar.

9. En una ollita, caliente ½ taza de la salsa barbacoa con las 2 cucharadas de vinagre, hierva y apague el fuego.

10. Con sus manos, o usando 2 tenedores, separe la piel de la carne y tire el hueso. Usando un cuchillo separe la piel de la grasa y pique la mitad, o más si desea, de la piel en tiritas bien pequeñas.

11. En un bol grande, desmenuce la carne y combine con las tiritas de piel, y la salsa con el vinagre, y mezcle bien. Devuelva esta mezcla a la olla, cubra y mantenga caliente.

12. Para componer el sándwich simplemente caliente los panes en el horno por 1 minuto, corte por la mitad, coloque 2 cucharadas bien grandes del puerco seguido por 1 cucharada de la ensalada de repollo y sirva inmediatamente.

Sándwich Reuben

¿Nebraska o Nueva York? Hay dos historias acerca de este sándwich: una es que un delicatessen en Nueva York llamado Reuben lo servía desde 1928; la otra se refiere a un hombre llamado Reuben Kulakofsky. Supuestamente este hombre Reuben y sus amigos se reunían a jugar póker en el hotel Blackstone en Omaha, Nebraska. En cada mano que se daba unos centavos, estos eran guardados para la cena de la noche. A la medianoche ellos ordenaban lo que podían y de eso hacían sándwiches. El sándwich más creativo y popular era el de Reuben, y era tan delicioso que un día el dueño del hotel decidió ponerlo en el menú del hotel permanentemente.

4 rebanadas de pan de centeno

2 cucharadas de mantequilla, suave a temperatura ambiente

½ libra de falda de res en conserva, cortada en rodajas finas

4 rebanadas de queso suizo

¼ libra chucrut

3 cucharadas de Salsa secreta para hamburguesas (pág. 180)

1. Unte las 4 rebanadas de pan con la mantequilla.

2. Sobre dos de las rebanadas, coloque la carne y el queso.

3. Tome el chucrut, apriete bien para remover el exceso de liquido y póngalo encima del queso.

4. Cierra con la otra rebanada de pan con el lado untado de mantequilla hacia fuera, apriete bien y cocine en una sartén a fuego medio de 3 a 4 minutos de un lado y 2 minutos más del otro.

5. Sirva con la Salsa secreta para hamburguesas al lado para untar en el sándwich caliente.

Sloppy Joe

La mayoría de los niños en Estados Unidos conoce este sándwich, ya que se sirve en escuelas de costa a costa, pero también es un plato preferido por los padres. Fácil, económico, rápido y delicioso, este sándwich está compuesto de carne jugosa en salsa semidulce de tomate entre dos panes de hamburguesa. El Sloppy Joe es tan icónico y amistoso que seguro lo incorporara a su repertorio.

2	cucharadas de aceite de oliva
1½	libras de lomo de carne molida
1	cebolla mediana, picada
1	pimiento rojo, picadito
1	tallo de apio, picadito
2	dientes de ajo, picaditos
1	cucharada de pasta de tomate
1	cucharada de salsa Worcestershire
½	cubito de caldo de carne
3	cucharadas de kétchup
2	tazas de salsa de tomate
4	rollos de pan para hamburguesas
	Sal y pimienta negra molida

1. En una olla caliente el aceite sobre fuego medio. Cuando la olla empiece a echar un poquito de humo agregue la carne y cocine revolviendo con una cuchara de madera de 4 a 5 minutos hasta que la carne tome un color oscuro.

2. Ahora agregue la cebolla, el pimiento y el apio, y cocine por 2 minutos hasta que la cebolla esté transparente.

3. Agregue el ajo, cocine por 1 minuto y agregue la pasta de tomate con la salsa Worcestershire, el cubito de carne, cl kétchup y la salsa de tomate. Espere que hierva, cocine por 3 minutos y apague la llama.

4. Caliente el pan en un horno, luego coloque los rollos en un plato y póngales 2 cucharones de la carne, con sal y pimienta al gusto. Sirva inmediatamente.

> **CONSEJO:**
>
> *A mí me gusta servir el Sloppy Joe con un poquito de queso parmesano o ricota.*

Club sándwich triple
(Triple Decker Club Sandwich)

★ RINDE 2 PORCIONES ★

El Triple Decker es uno de los sándwiches clásicos de los diners americanos —restaurantes baratos tipo cafeterías, normalmente abiertos las veinticuatro horas, que sirven desde desayuno a sopas, sándwiches y comida internacional. Este sándwich es un sándwich frío, preparado con 3 rebanadas de pan tostado (de ahí proviene la parte "triple" del nombre) y rellenado con algún tipo de ensalada, sea de atún, pollo o huevo —con la excepción del Triple Decker Club. Este último fue creado en Saratoga Springs, Nueva York, en un club de juegos de azar en el siglo XIX. Es el más clásico de todos, el rey de los Triple Deckers, y lo comparto con usted aquí para que se vuelva igual de fanático.

4   hojas grandes de lechuga

8   rodajas de tomates maduros

6   rebanadas de pan blanco

4   cucharadas de mayonesa

    Sal y pimienta negra recién molida al gusto

8   onzas de pavo asado en rodajas

12   tiras de tocineta cocida y crujiente

8   mondadientes de madera

1. Lave la lechuga, corte el tomate y tueste el pan.

2. Ahora coloque 4 rebanadas de pan tostado sobre la mesa, unte con 1 cucharada de mayonesa y sazone con sal y pimienta negra molida.

3. Arregle 1 hoja de lechuga sobre cada rebanada, seguido por 2 rodajas de tomate, el pavo y finalmente la tocineta.

4. Ahora coloque dos de las rebanadas de pan con los ingredientes encima de las otras dos, apiladas para que queden una capa de pan, una de los ingredientes, otra capa de pan, otra de ingredientes y termínelo con las 2 rebanadas de pan restantes, untadas con mayonesa.

5. Atraviese los mondadientes en forma de cruz dentro de cada sándwich para sostenerlos, y con un cuchillo de sierra, corte cada uno en 4 pedazos. Sirva y disfrute.

Sándwich de atún y queso caliente

(Tuna Melt)

★ RINDE 2 PORCIONES ★

El Tuna Melt es uno de esos instantes cuando uno se pregunta si esto de verdad es una buena idea. Por ejemplo, a los estadounidenses les gusta poner una rebanada de queso americano encima de su porción de tarta de manzana. No lo duden, un poco extraño, pero súper apetitoso. El Tuna Melt es algo así: ensalada de atún simplemente preparada, colmada encima de pan tostado, coronada con queso americano amarillo derretido y servido abierto en toda su gloria.

4   rebanadas de pan de centeno (tostado)

2   cucharadas de mantequilla suave

1   receta de Ensalada de atún (pág. 105)

4   rebanadas de queso americano o cheddar

1. Unte las rebanadas de pan con mantequilla de un solo lado y colóquelas sobre una bandeja con papel pergamino o aluminio.

2. Caliente el horno lo más caliente que alcance estar. Colme de 2 a 3 cucharadas grandes de la ensalada de atún encima de cada rebanada de pan y coloque 1 rebanada de queso encima de cada uno. Meta adentro de la parrilla en la parte baja del horno hasta que el queso esté derretido (de 30 segundos a 1 minuto) y sirva caliente.

Sándwich de mantequilla de maní y mermelada

(Peanut Butter and Jelly Sandwich)

★ RINDE 2 PORCIONES ★

¿Saben qué? Algunas veces yo me olvido acerca de las cosas simples de la vida. Tan simple como suena este sándwich, el es el dueño de todos los corazones estadounidenses. Inicialmente servido alrededor del año 1901 como comida para los ricos, con el tiempo y la bajada de precios de los ingredientes, se volvió una comida común y clásica en Estados Unidos.

- 4 rebanadas de pan blanco (o su pan rebanado preferido)
- 4 cucharadas de mantequilla de maní
- 4 cucharadas de mermelada (preferiblemente de uva)

1. Unte un lado de 2 rebanadas de pan con la mantequilla de maní.

2. Ahora unte las otras dos rebanadas con la mermelada, solo por un lado, y júntelas con las rebanadas con mantequilla de maní.

3. Ahora esta es la parte más importante. Para que sea un sándwich original americano, se debe remover la corteza alrededor del pan. Con un cuchillo filoso corte los cuatro lados removiendo las cortezas. Corte el sándwich en dos o cuatro pedazos y sirva.

El Elvis

El rey del rock and roll era conocido como un goloso. Le gustaba comer de todo, pero tenía una afición especial por un sándwich en donde combinaba tocineta crujiente, mantequilla de maní y rebanadas de banana entre pan tostado. No lo juzguen hasta probarlo, y ahí entenderán.

4   rebanadas de pan blanco (o su pan rebanado preferido)

4   cucharadas de mantequilla de maní

4   cucharadas de mermelada (preferiblemente de uva)

1   banana rebanada

4   tiras de tocineta (cocidas)

2   cucharadas de mantequilla

1. Unte un lado de 2 rebanadas de pan con la mantequilla de maní, y las otras dos rebanadas con la mermelada, solo por un lado.

2. Encima del pan con la mantequilla de maní, coloque las bananas, seguido por 2 tiras de tocineta. Cubra el sándwich con el otro pan con la mermelada hacia abajo encima de la tocineta.

3. Ahora caliente una sartén a fuego medio y derrita la mantequilla. Cocine el sándwich hasta que el pan este dorado y crujiente, un minuto de cada lado.

4. Corte el sándwich en dos y sirva con un vaso de leche.

ENSALADAS

De la mano con el sándwich está el plato más amigable de la mesa estadounidense: la ensalada. Muchos sándwiches se rellenan con ensaladas y disfrutan de su compañía como guarnición. Las ensaladas también sirven como acompañamiento de varios platos principales y son la atracción principal al mediodía cuando uno desea una comida ligera. Encima de todo, lo nutren y lo hacen sentir saludable y energizado después de comerlas. ¿Qué más se puede pedir?

Ensalada de tres frijoles

(Three Bean Salad)

★ RINDE 6 PORCIONES ★

Cuando nació esta nación, los peregrinos todavía no sabían cómo utilizar la nueva tierra a su benefi-cio, y fueron los indios quienes les enseñaron acerca de las tres hermanas, tres de las mejores cosechas de las Américas: maíz, frijoles y el calabacín. Hoy en día, estas tres cosechas son utilizadas en miles de platos considerados tradicionales de Estados Unidos, uno de estos siendo esta simple y deliciosa ensalada de frijoles. Tradicionalmente se sirve como un plato para picnic, ya que es fácil de conservar con poca refrigeración.

2 tazas de frijoles rojos, enjuagados y escurridos

2 tazas de frijoles cannellini, enjuagados y escurridos

2 tazas de garbanzos, enjuagados y escurridos

2 tallos de apio, picadito

½ cebolla roja, picadita

1 taza de perejil fresco, picadito

⅓ taza de vinagre de manzana

⅓ taza de azúcar blanca

¼ taza de aceite de oliva

1½ cucharaditas de sal

¼ cucharadita de pimienta negra

Combine todos los ingredientes en un tazón grande y revuelva bien. Meta en la nevera por 2 horas permitiendo que los frijoles absorban un poco de sabor de la marinada y sirva frío.

Ensalada César

★ RINDE 2 PORCIONES ★

Esta ensalada fue creada por un italiano llamado Cesar Cardini, alrededor del año 1924, en Tijuana, México. Simplemente cubierta con un aderezo cremoso, con buen queso parmesano y pedazos de pan tostado, es una de las ensaladas más populares en todo Estados Unidos.

PARA LOS CRUTONES

1 pan rustico

Aceite de oliva

Sal y pimienta

2 cucharadas de hierbas secas tipo italianas (orégano, perejil, albahaca)

PARA LA ENSALADA Y EL ADEREZO

2 cucharadas de aceite de oliva

1 diente de ajo fresco

1 yema de huevo

1 cucharada de yogur o nata fresca (opcional)

4 anchoas enteras en aceite

¼ taza de mayonesa

Jugo de 1 limón

½ cucharadita de sal

½ cucharadita de pimienta negra

½ taza de queso parmesano rallado

3 tazas de corazones de lechuga romana cortadas en trozos

1. Caliente el horno a 325°F. Corte el pan en trozos grandes y póngalos en una bandeja, salpique con aceite de oliva y, con sus manos, revuelva todo untando cada pedazo de pan con el aceite.

2. Agregue un poco de sal y pimienta y las hierbas secas, combine otra vez con sus manos y meta en el horno hasta que queden crujientitos (6 a 10 minutos).

1. Comience licuando el aceite, el ajo, la yema de huevo, el yogur, las anchoas, la mayonesa, la mitad del jugo de limón, la sal y la pimienta hasta que tenga una crema suave.

2. Remueva de la licuadora y agregue el resto del jugo de limón y el queso, y revuelva bien.

3. Ahora tome la lechuga, lave y séquela bien. Corte la lechuga en trozos grandes y agregue un poco de aderezo y los crutones. Con dos cucharas, o con una mano, revuelva todo bien hasta que cada hoja esté untada con el aderezo Cesar.

COMIDAS U.S.A.

98

Ensalada del chef

★ RINDE 4 PORCIONES ★

Esta ensalada fue creada en el hotel Ritz Carlton en Nueva York por el Chef Louis Diat alrededor del año 1940, pero se dice que la ensalada tiene ancestros en Europa, uno en especial llamado Salmagundi. El Diccionario Inglés de Oxford nos dice que Salmagundi es un plato compuesto de carne picada, anchoas, huevos y cebolla con el aceite y condimentos del siglo XVII.

1	cabeza de lechuga grande
½	libra de jamón, rebanado
¼	libra de pavo ahumado, rebanado
¼	libra de carne asada, rebanada
¼	libra de queso suizo, rebanado
15	tomates cereza o uva, cortados a la mitad
2	pepinos en rodajas
1	aguacate maduro Hass, cortado en cubitos
2	huevos duros, pelados y cortados
1	taza de crutones (pág. 98)
1	taza de su aderezo favorito

1. Lave la lechuga y córtela en trozos.

2. Tome una hoja de papel pergamino o aluminio y póngala sobre una mesa. Ahora tome el jamón y apile cada rebanada una por una formando una hoja. Haga lo mismo con el resto de las carnes y el queso creando capas.

3. Cuando haya formado una hoja de varias capas, tome un lado de la hoja de ingredientes (sin el papel) y enrolle todo, luego enrolle el papel alrededor de este rollo de carnes y quesos. Ahora, tome un cuchillo bien afilado y corte rebanadas gruesas del tubo de carnes y queso. Al acostar las rebanadas notara todas las capas lindas de las carnes y el queso.

4. Ponga la lechuga en un tazón poco profundo y decore el tope con los tomates, los pepinos en rebanadas, el aguacate, los huevos, las rebanadas de las carnes y el queso, los crutones y un poquito del aderezo, y sirva.

Ensalada Cobb

★ RINDE 4 PORCIONES ★

Todos nos hemos encontrado en frente de la nevera abierta mirando hacia el precipicio... el ventilador soplando viento frío en nuestra cara mientras examinamos los contenidos de la nevera tratando de inventar algo para preparar. La mayoría de las recetas del mundo comienzan así: creadas de la necesidad e ingenio del hambre. La ensalada Cobb nació en 1937 en el restaurante Brown Derby en Hollywood, inventada por el dueño Bob Cobb. Resultó ser tan rica que se volvió una sensación de la noche a la mañana.

PARA LA VINAGRETA DE VINO TINTO

½ taza de vinagre de vino tinto

3 cucharadas de jugo de limón

1 diente de ajo picado

2 cucharaditas de miel

1 taza de aceite de oliva

2 cucharaditas de sal

Pimienta negra recién molida

En una licuadora, licue el vinagre, el jugo de limón el ajo y la miel por 30 segundos, abra la tapita de arriba y agregue el aceite de oliva poco a poco hasta que utilice todo y termine con la sal y un poquito de pimienta.

PARA LA ENSALADA

½ cabeza de lechuga romana, cortada

½ cabeza de lechuga romana en tiras

½ manojo de berro, picado

2 onzas de queso azul desmenuzado (Roquefort)

7 tiras de tocineta cocida, picada en trozos grandes

2 tomates medianos, pelados, sin semillas y cortados en cubitos

1 pechuga de pollo deshuesada y sin piel, cocida y cortada en cubitos

3 huevos duros, pelados y cortados en cubos de ½ pulgada

1 aguacate, pelado, sin semillas y cortado en cubos de ½ pulgada

Sal y pimienta negra recién molida

En un plato grande y poco profundo arregle las lechugas combinadas y el berro, y haga líneas con cada uno de los ingredientes, ¡creando una bandera de colores, sabores y texturas extraordinarias! Sirva la vinagreta en un tazón al lado.

Ensalada de repollo

(Coleslaw)

★ RINDE 8 PORCIONES ★

*El slaw es un tipo de ensalada americana, parecida a un curtido o chucrut. Tradicionalmente hecho con repollo blanco con toques de zanahoria rallada, esta ensalada viene de la ensalada holandesa llamada Koolsla (*kool *siendo repollo y* sla *ensalada). Servida bien fría, y normalmente consumida en los picnic o para acompañar a las parrilladas, esta ensalada de repollo ha sido devorada por los estadounidenses desde el año 1785.*

1 cucharadita de sal

2½ libras de repollo verde, rallado

1 cucharadita de pimienta

1 cebolla mediana, picadita

1 pimiento rojo grande, picadito

1 zanahoria grande, rallada

1¼ tazas de mayonesa

⅓ taza de vinagre de sidra

2 cucharaditas de azúcar

1 cucharadita de mostaza (preferiblemente Dijon)

1. Combine la sal con el repollo y la pimienta y mezcle bien. Deje a temperatura ambiente por 10 minutos para que la sal remueva el liquido extra del repollo.

2. Ahora, cuele el repollo, tire el liquido, agregue el resto de los ingredientes, mezcle todo bien y enfríe por al menos 1 hora.

3. Sirva bien frío como acompañante de algún plato o dentro de un Sándwich de puerco desmenuzado (pág. 86).

Ensalada de huevos

(Egg Salad)

★ RINDE 4 PORCIONES ★

Otra de las ensaladas más populares de los picnics es la ensalada de huevos, una institución esta-dounidense. Tradicionalmente servida durante los veranos como una ensalada simple para acompa-ñar a las parrilladas, esta también es una de las ensaladas más utilizadas para el sándwich clásico Triple Decker.

8 huevos grandes, cocidos, enfriados, pelados y picados

6 tiras de tocineta, cocidas y picaditas

2 cucharadas de cebolla roja, picadita, remojada en agua fría

¼ taza de apio picadito

½ taza de mayonesa

1 cucharada de mostaza de Dijon

1 cucharadita de jugo de limón

½ cucharadita de eneldo finamente picado

Combine todos los ingredientes en un tazón y mezcle bien. Enfríe por lo menos una hora y sirva en sándwiches o sobre una cama de lechuga.

Ensalada de macarrones

(Macaroni Salad)

Económica, simple y súper sabrosa, esta es una de las ensaladas preferidas por los niños por su simplicidad y textura. La ensalada de macarrones se puede servir tibia pero es mucho más sabrosa fría, especialmente acompañando unos buenos Perros calientes (pág. 81).

4	onzas de macarrones
½	pimiento rojo, picadito
½	pimiento verde, picadito
½	cebolla roja, picadita
1	tallo pequeño de apio, picadito
1	cucharada de mostaza Dijon
¾	taza de mayonesa
	Jugo de 1 limón
1½	cucharadas de vinagre bueno (preferiblemente de cidra o vino blanco)
1	cucharadita de sal
½	cucharadita de pimienta
2	cucharadas de perejil picadito

1. Cocine la pasta en agua salada hirviendo, de 8 a 10 minutos, hasta que la pasta esté completamente cocida. Cuele y enfríe un poco bajo agua fría.

2. Mientras tanto, corte los vegetales y combine con la mostaza, mayonesa, jugo de limón y vinagre, y mezcle bien.

3. En un bol grande combine el aderezo con los macarrones y mezcle bien. Sazone con la sal y pimienta, y termine con el perejil. Refrigere por al menos 1 hora y sirva frío.

Ensalada de papas

(Potato Salad)

★ RINDE 6 PORCIONES ★

Comida en todo el mundo como una ensalada básica, económica y fácil de hacer, la ensalada de papas es una delicia considerada una de las ensaladas más clásicas de Estados Unidos. Se puede hacer con cualquier tipo de papas, pero es tradicionalmente hecha con papas Yukón Gold. Servida durante los veranos en los picnic de parque y playa, como almuerzo, cena o merienda, es una de las mejores ensaladas que existe en el repertorio culinario estadounidense.

3 libras de papas blancas pequeñas (preferiblemente Yukon Gold)

2 huevos duros, pelados, fríos y rebanados

1 taza de mayonesa

¼ taza de yogur

2½ cucharadas de mostaza Dijon

½ taza de eneldo fresco picadito

½ taza de apio picado

½ taza de cebolla roja picada

Sal y pimienta negra recién molida

1. Ponga las papas con agua en una olla grande sobre fuego alto. Cuando el agua hierva, baje a fuego medio y cocine por 15 minutos hasta que las papas estén medio suaves al punzarlas con un tenedor.

2. Cuele las papas en un colador, devuelva el colador a la olla vacía, cubra con una toalla limpia y deje que las papas se sigan cocinando al vapor por 15 minutos más.

3. Corte las papas en trozos medianos y colóquelas en un tazón.

4. En otro tazón pequeño combine el resto de los ingredientes, excepto los huevos, revuelva bien, agregue a las papas y mezcle todo muy bien. Decore con las rebanadas de huevos duros. Tape con envoltura de plástico y refrigere por lo menos una hora. Sirva fría.

CONSEJO:

A mí me gusta agregar un huevo duro frío y triturado a esta ensalada porque le añade una cremosidad que realza la textura de las papas y crea un manjar deleitoso.

Ensalada de atún

(Tuna Salad)

Esta ensalada es la ensalada más popular para comer como sándwich y no tanto como ensalada solita. Un poquito de mayonesa con mostaza Dijon, un toque de cebolla picante, trocitos de apio fresco y a veces hasta un poquito de pepinillo curtido servido simplemente sobre pan tostado es uno de los sándwiches favoritos de mi mamá y muchas mamás de costa a costa en Estados Unidos por la simplicidad y nutrición que cada uno de esos mordiscos ofrecen.

1 cucharada de cebolla picadita

1 cucharada de apio picadito

1 lata (7 onzas) de atún blanco sólido en agua, escurrido

¼ taza de mayonesa

⅛ cucharada de mostaza Dijon

1 cucharada de pepinillo dulce (pepinos o encurtidos picaditos)

½ cucharadita de kétchup

1 pizca de pimentón

Combine todos los ingredientes en un bol grande, mezcle bien y sirva fría.

Ensalada Waldorf

La Waldorf es una ensalada tradicional hecha de manzanas frescas, apio y nueces, con un toque de mayonesa y generalmente presentada encima de una cama de lechuga. Hoy en día se le puede añadir uvas o arándanos secos. La ensalada fue creada entre 1893 y 1896 por Oscar Tschirky, el maître d' del Hotel Waldorf en Nueva York.

1 cabeza de lechuga Boston, lavada y secada

½ taza de nueces

½ taza de yogur

2 cucharadas de mayonesa baja en grasa

2 cucharadas de perejil fresco picado

1 cucharadita de miel

jugo de ½ limón más 1 cucharadita de la ralladura de la cáscara

2 manzanas grandes nítidas (como Gala) sin semillas, rebanadas

2 tallos de apio con hojas, cortados en trozos de media pulgada de grosor

¼ taza de pasas

2 cucharadas de perejil picadito

1⅓ tazas de uvas rojas sin semillas, en mitades

Sal y pimienta

Corte la lechuga y combine con el resto de los ingredientes en un bol grande. Con sus manos, mezcle bien. Sazone con sal y pimienta y sirva inmediatamente.

Ensalada de pollo

(Chicken Salad)

★ RINDE 4 PORCIONES ★

Fácil y conveniente, perfecta para un sándwich o simplemente servida en una copa de lechuga, la ensalada de pollo es una de las más consumidas en los delicatessen de Estados Unidos. Aunque esta ensalada probablemente es hecha de un millón de formas alrededor del mundo, se dice que la primera ensalada de pollo en Estados Unidos se sirvió en 1863 en un lugar llamado Town Meats en Wakefield, Rhode Island. El propietario, Liam Gray, mezcló sus sobras de pollo con mayonesa, estragón y uvas, creando una ensalada que hasta hoy en día es servida en su restaurante.

2 pechugas de pollo, con el hueso y la piel

Sal y pimienta negra recién molida

Buen aceite de oliva

¾ taza de mayonesa

1½ cucharadas de hojas de estragón fresco picadito

1 taza de apio picado pequeño (2 tallos)

¼ taza de cebolla roja picadita

1. Caliente su horno a 350°F. En una bandeja ponga las pechugas, sazónelas con sal y pimienta y, si tiene una hierba (o combinación de hierbas) favorita, sazone con esa también.

2. Coloque las pechugas con la piel hacia arriba, cubra con un poco de aceite de oliva y cocine por 35 minutos en el horno.

3. Remueva la bandeja del horno y deje que el pollo se enfríe. Mientras tanto, combine el resto de los ingredientes, mezcle bien y reserve.

4. Cuando el pollo se haya enfriado, desmenúcelo con sus manos y en un tazón combine el pollo con el aderezo y mezcle bien. Sirva en sándwiches o sobre un poco de lechuga.

Ensalada de siete capas

(Seven Layer Salad)

★ RINDE 8 PORCIONES ★

Creada en el sur de Estados Unidos, esta ensalada primero fue llamada Ensalada de petit pois de siete capas. Muy popular en la década de los cincuenta, la Seven Layer Salad expone su arquitectura en un tazón transparente para mostrar las diferentes capas, y es tradicionalmente aderezada con una capa de mayonesa o nata.

PARA LA ENSALADA

- 1 cabeza de lechuga Iceberg, sin corazón y cortada en trozos
- 8 rábanos medianos, en rodajas finas
- 1 taza de tomates cortados pequeños
- 1 pepino, sin semillas y rebanado
- 1 taza de petit pois congelados, enjuagados y escurridos
- 1 cebolla roja, cortada en rodajas finas
- 1 taza de queso cheddar rallado
- ½ libra de tocineta, cocida, crujiente y cortada en trozos

PARA EL ADEREZO

- 1 taza de mayonesa
- ½ cucharada de azúcar
- 1 cucharada de vinagre
- 1 cucharada de sal
- Pimienta

1. En un gran bol transparente coloque cada ingrediente de la ensalada, menos la tocineta y el queso rallado, uno por uno como capas.

2. En un tazón más pequeño, mezcle bien todos los ingredientes del aderezo y luego agréguelo como la capa final de la ensalada, decorando con los trozos de tocineta y queso rallado. Sirva fría.

SOPAS Y GUISOS

Para alimentar una familia grande o pequeña, las sopas son platos fáciles y simples que se pueden preparar con pocos ingredientes, y brindan gran sabor. Servidas frías o calientes, las sopas pueden ser preparadas de casi cualquier cosa que uno tiene en la nevera o en el congelador. Desde caldos simples a sopas enriquecidas y fortificadas con la adición de frijoles, carne o pescado, Estados Unidos tiene una plétora de sopas dedicadas a nutrir el espíritu triunfador de esta nación.

Sopa de brócoli

Cada vez que llevo a mi mamá a comer, tengo una garantía: si el restaurante tiene sopa, ella la ordena. No sé por qué, pero a ella le encanta la sopa. De niño en casa, recuerdo que ella siempre preparaba sopa de algo o lo otro. Tal vez era porque la casa estaba llena de varones comelones, siempre acompañados por amigos, primos, primas y vecinos quedándose con nosotros, o tal vez realmente es lo que más le gusta en este mundo. Esta es una sopita de brócoli súper fácil que alimenta a una familia gigante en poco tiempo.

3 tallos de brócoli bien verde

3 cucharadas de crema espesa

1 cucharada de mantequilla

Sal y pimienta

1. Llene una olla grande de agua y hiérvala sobre fuego alto.

2. Lave el brócoli y, usando un pelador, pele el tallo del brócoli. Ahora corte el brócoli por la mitad, cortando el tallo a lo largo, agregue una pizca de sal al agua y meta el brócoli. Tape la olla y cocine por 9 minutos.

3. Luego, licue el brócoli con 1 taza del agua que usó para cocinarlo. Agregue la crema y la mantequilla y licue otra vez hasta que este completamente suavecita. Pruebe y sazone con sal y pimienta. Si desea la sopa más liquida, agregue un poco más de agua, pero si le gusta cremosa y gruesa, sirva así mismo.

Sopa de pollo con fideos

(Chicken Noodle Soup)

★ RINDE 6 PORCIONES ★

¿Tiene frío? ¿Está enfermo? ¿Le duele el cuerpo, la mente o tal vez alguien lo hirió? Ordene un plato de esta sopa curativa, la medicina más antigua y rejuvenecedora que existe. Esta sopa contiene los ingredientes necesarios para curarle el cuerpo, la mente y el espíritu. Yo siempre preparo un calderón cuando alguien se enferma, y como siempre queda un poco, congelo un tarro para la próxima vez que haya frío y necesite un tónico estimulante.

1	pollo entero
	Aceite de oliva
	Sal y pimienta
1	ramillete de hierbas (2 hojas de laurel, tomillo, perejil, cilantro)
3	dientes de ajo
5	zanahorias pequeñas
2	tallos de apio
1	cebolla grande
5	ramitos de tomillo fresco
2	mazorcas de maíz
8	onzas de fideos (spaghetti en trozos o cabello de ángel)

1. Caliente el horno a 350°F.

2. Lave el pollo bajo agua fría y seque con toallas de papel. Agarre el aceite y frote todo el pollo, levantando la piel de la pechuga.

3. Tome un poco de sal y pimienta y frote el pollo con estos adhiriéndolos al aceite.

4. Agarre un ramillete de hierbas grande o varios pequeños y póngalos debajo de la piel de la pechuga y entre los muslos.

5. Tome 2 dientes de ajo, rebánelos y póngalos debajo de la piel con el ramillete.

6. Pele y corte todos los vegetales y reserve en un bol. Pelé las mazorcas de maíz y guarde la cáscara a un lado.

7. Ahora tome una bandeja cubierta con papel de aluminio y coloque el pollo, pechuga hacia abajo, sobre esta. Cubra el pollo con las cáscaras del maíz y rocíe con aceite de oliva.

8. Ponga el pollo en el horno y cocine por media hora.

9. Ahora, agregue los vegetales alrededor del pollo y cocine por otra media hora.

10. Remueva el pollo del horno y deje que se enfríe por 20 minutos. Luego, quítele la carne de los huesos y separe la piel.

11. Ponga la piel y los huesos con el ramillete de hierbas en una olla, llene con 1 litro de agua y hierva por 30 minutos.

12. Cuele el caldo, agregue la carne desmechada de pollo y los vegetales, y prenda la llama a fuego alto. Cuando el caldo haya hervido, agregue los fideos rotos en 3 partes. Hierva por 10 minutos, sazone con sal y pimienta, y sirva bien caliente.

CONSEJO:

Las sopas siempre son más sabrosas al día siguiente. Esta sopa es tan buena que levanta muertos. Como es tradición en todo el mundo comer sopa de pollo cuando uno está enfermo, yo siempre que hago esta sopa guardo unas tazas en el congelador. ¿Por qué? Porque cuando uno está enfermo, nadie quiere prepararla. Pero es en esos momentos que uno más la necesita.

Chili con carne

★ RINDE 5 PORCIONES ★

Chili con carne es el plato oficial del estado de Texas desde 1977. Al principio, las recetas llevaban carne seca, chiles, sebo (la grasa cruda de res o cordero) y sal. Esta combinación era hecha en bloques y secada para ser reconstituida y hervida durante las primeras expediciones americanas. Gracias a la ciudad de San Antonio, y la influencia de México, este plato ahora se hace con frijoles y tomates con acentos de comino y muchos diferentes tipos de chiles secos.

1 cucharada de aceite canola

¾ libras de carne espaldilla molida (llamada Chuck en inglés)

1 cucharadita de sal

1 cucharadita de pimienta negra

1 cucharada de cebolla en polvo

1 cucharadita de ajo en polvo

1 cucharadita de comino

1 cucharadita de chile en polvo

½ cucharadita de pimienta roja molida

1 cucharadita de tomillo fresco

½ cebolla grande, picadita

½ pimiento rojo, picadito

½ pimiento verde, picadito

3 dientes de ajo

1 lata de 28 onzas de tomates San Marzano

½ cucharadita de kétchup

¼ taza de salsa de chipotles

15 onzas frijoles de lata (escurridos)

1 taza de crema agria

1 taza de queso cheddar

¼ taza cilantro, picadito

½ taza de salsa picante

1. En una sartén profunda a fuego alto, agregue el aceite y deje que se caliente hasta que empiece a echar humo. Sazone la carne con sal, mucha pimienta negra y todas las especias incluyendo el tomillo, y cocine por 7 minutos hasta que empiece a tomar un poco de color.

2. Agregue la cebolla, los pimientos y revuelva. Cocine mientras revuelve por 5 minutos más hasta que la cebolla esté transparente y empiece a quemarse un poco. Agregue el ajo y cocine por 1 minuto más.

3. Abra la lata de tomates y con su mano tritúrelos todos. Ya cuando todo empiece a quemarse un poquito en la sartén, agregue los tomates triturados, el kétchup, la salsa de chipotles y hierva.

4. Cuando el chili haya hervido, baje la llama a fuego lento y cocine por 45 minutos, revolviendo cada 15 minutos. A los 30 minutos, agregue los frijoles, revuelva y termine de cocinar.

5. Sirva en platos hondos, con una cucharada de crema agria, un poco de queso cheddar rallado, cilantro y un poquito de su salsa picante favorita.

Crema de maíz

(Corn Chowder)

★ RINDE 2 PORCIONES ★

Ningún otro grano representa más en Estados Unidos que el grandioso y humilde maíz. Utilizado para hacer aceite, en cereales, comido a la parrilla con mantequilla, triturado y convertido en harina para pan y tortas, frito para hacer chips y hasta congelado para helado, es la cosecha más popular en Estados Unidos. Aquí tiene una sopa espectacular, cremosa y dulce, perfecta para cualquier temporada del año, y definitivamente una de mis favoritas.

4 mazorcas de maíz tierno
½ cebolla blanca y grande
4 cucharadas de crema agria
   Sal y pimienta
4 cucharadas de queso blanco

1. Remueva el maíz de la mazorca con un cuchillo.

2. Pele y corte la cebolla en rebanadas.

3. En una olla cocine el maíz en la crema agria, agregando suficiente agua para que cubra el maíz por 30 minutos.

4. Cuele el maíz reservando el liquido, y licue ¾ del maíz con suficiente liquido para hacer una sopa cremosa. Vierta la sopa licuada con el maíz restante en una olla, ajuste el sazón con sal y pimienta, revuelva y sirva con un poquito de queso blanco rallado y un toque de crema agria.

Sopa cremosa de tomate

Esta sopa cremosa de tomate es una de las mejores sopas creadas en el mundo, consumida por todos y definitivamente considerada la sopa más reconfortante después de la sopa de pollo con fideos. La popularidad de esta sopa es atribuida a la compañía de sopas Campbell. En Estados Unidos, Campbell vende un total de casi dos mil millones de latas de sopa cada año, entre ellas la sopa cremosa de tomate. Esta es una de las mejores sopas de lata que se encuentra en el mercado, y es tradición en una noche fría preparar un buen plato de sopa de tomate con un Sándwich de queso caliente (pág. 77), la combinación es perfecta.

1   taza de puré de tomate

2   tazas de caldo de pollo (o vegetal)

2   cucharadas de pasta de tomate

2   cucharaditas de azúcar

¼   cucharadita de polvo de cebolla

1   ramillete de hierbas aromáticas (perejil, tomillo, cilantro, hoja de laurel-opcional)

1   taza + 2 cucharadas de leche entera

2   cucharadas de almidón de maíz

4   cucharadas de mantequilla

Sal y pimienta al gusto

4. Apague la llama y agregue la leche restante, seguida por la mantequilla. Revuelva bien hasta que la mantequilla se haya derretido y tenga una sopa súper cremosa y deliciosa. Ajuste con sal y pimienta y sirva caliente.

CONSEJO:

En Estados Unidos la perfecta combinación para esta sopa es un buen sándwich de queso caliente, ¡se los recomiendo!

1. Combine el puré de tomate, el caldo de pollo, la pasta de tomate, el azúcar, el polvo de cebolla y el ramillete de hierbas en una olla sobre fuego medio y lleve a ebullición.

2. Mientras tanto, combine 1 taza de leche con el almidón y revuelva bien.

3. Cuando la sopa haya hervido, agregue la mezcla de leche y almidón y suba la llama a alta y cocine batiendo con un batidor manual por 3 minutos.

Crema de champiñones

(Cream of Mushroom Soup)

Mejor conocida como la bechamel americana, la crema de hongos no es solo una de las sopas más populares de Estados Unidos, sino que también se ha integrado en varios de los platos clásicos de esta nación. La compañía de sopas Campbell comenzó a producir esta crema en el año 1934 y tuvo un papel importante en hacerla popular, convirtiéndola en salsa e incorporándola en los guisos clásicos norteamericanos.

2	cucharadas de aceite de oliva
½	cebolla
2	cucharadas de apio picadito
3	ramitos de tomillo
16	onzas de champiñones picados (2 tazas colmadas)
2	dientes de ajo, picaditos
2	cucharadas de mantequilla
2	cucharadas de harina
1½	tazas de caldo de pollo (o vegetales)
1	taza de crema de leche
	Sal y pimienta blanca

1. En una olla sobre fuego medio, caliente el aceite y agregue la cebolla, el apio y el tomillo, y cocine de 3 a 4 minutos hasta que la cebolla esté transparente.

2. Agregue los champiñones, sazone con un poco de sal y cocine por 2 minutos.

3. Agregue el ajo y cocine por 2 minutos más hasta que la olla esté casi seca.

4. Agregue la mantequilla y derrita, en ese momento agregue la harina y cocine revolviendo por 1 minuto hasta que la olla esté seca otra vez.

5. Añada el caldo y revuelva bien, suba la llama y lleve a ebullición cocinando 2 minutos hasta que se espese.

6. Agregue la crema y lleve otra vez a ebullición, cocine por 2 minutos más y apague la llama. Sazone con sal y pimienta blanca.

CONSEJO:

La consistencia de las salsas y cremas y sopas son preferencias personales. Si las desea un poco más espesas, al final agregue un poquito más de harina y cocine hasta que no sepa a harina cruda (2 minutos); si las desea más liquidas, agregue un poco más de caldo, crema o agua.

Quingombó

(Gumbo)

★ RINDE 4 PORCIONES ★

El Quingombó, llamado Gumbo en inglés, es un plato que originó en Louisiana alrededor del siglo XVIII, con una mezcla de influencias africanas, de los indios americanos y los franceses. Hay distintos tipos de Quingombó y se diferencian por el ingrediente o método utilizado para espesar esta sopa: el quingombó, el polvo de las hojas de la planta sasafrás llamado File o el método francés de la combinación de harina con mantequilla llamado roux.

1	libra de chorizo, cortado transversalmente en pedacitos de ½ pulgada
2	tazas de cebollas españolas cortadas en pedacitos de ¼ pulgada
½	taza de pimientos rojos cortados en pedacitos de ¼ pulgada
½	taza de pimientos verdes picado en pedacitos de ¼ pulgada
3	cucharadas de aceite de oliva
3½	libras de muslos de pollo
3	cucharadas de condimento Cajun (se consigue en el mercado bajo el nombre Cajun Seasoning)
½	taza de aceite vegetal
1	taza de harina blanca
1	taza de apio picado en pedacitos de ¼ pulgada
2	hojas de laurel
9	tazas de caldo de pollo
1	cucharada de polvo de filé
½	taza de chiles poblanos, picados en pedacitos de ¼ pulgada
4	tazas de arroz blanco cocido
¼	taza de cebollín picadito
¼	taza perejil fresco, picado
	Salsa picante, ¡un montón!

1. En una olla gruesa u horno holandés, saltee el chorizo con las cebollas y los pimientos en un poco de aceite de oliva a fuego medio hasta que los ingredientes estén ligeramente doradas. Ponga a un lado.

2. Sazone todo el pollo alrededor y debajo de la piel con el condimento Cajun. Aumente el fuego a medio-alto y saltee el pollo con un poco de aceite de oliva hasta que esté dorado por ambos lados (unos 6 a 8 minutos). Ponga a un lado con el chorizo.

3. Vuelva al fuego medio, agregue el aceite vegetal y la harina, mezcle bien y cocine durante unos 10 a 15 minutos hasta que esté dorado y oscuro como el chocolate.

4. Añada el apio, las hojas de laurel y el caldo de pollo. Agregue la mezcla de verduras y chorizo a la olla, suba el fuego a alto, lleve a ebullición, y apenas hierva baje el fuego y cocine por 1 hora, revolviendo con frecuencia.

5. Agregue el pollo y continúe cocinando a fuego lento por una hora. Retire los trozos de pollo de la olla, deseche las pieles y los huesos, corte la carne en trocitos, devuelva a la olla junto con el polvo de filé y los chiles poblanos, y revuelva.

6. Sirva bien caliente sobre arroz blanco y adorne con el cebollín y perejil picado, y salsa picante, ¡una necesidad absoluta!

Crema de almejas a la Nueva Inglaterra
(New England Clam Chowder)

★ RINDE 4–5 PORCIONES ★

Hay muchas sopas de mariscos y pescados alrededor de las costas de Estados Unidos, sin embargo, la abundancia de almejas en las orillas de Nueva Inglaterra, una de las primeras colonias establecidas en Estados Unidos alrededor de 1620, inspiró la creación de esta sopa clásica del noroeste. Hoy en día es una de las sopas más adoradas de esta nación.

2 docenas de almejas

1½–2 tazas de jugo de almeja embotellado, o cuanto sea necesario

3 tiras de tocineta, picada

1 cebolla grande, picada (aproximadamente 1¼ tazas)

1 hoja de laurel

½ taza de apio cortado en cubitos

2 ramitos de tomillo

½ cubito de pollo (opcional)

1 cucharada de harina blanca común

2 papas amarillas o blancas, peladas y cortadas en cubitos (2 tazas)

1½ tazas de crema de leche

3 cucharadas de jerez seco

Sal marina al gusto

½ cucharadita de pimienta blanca

Galletitas saladas o pan campesino (opcional)

Salsa picante (opcional)

Salsa Worcestershire (opcional)

1. Ponga las almejas en agua a temperatura ambiente y remoje por 10 minutos sin tocarlas. Luego sacuda el envase bruscamente para sacarles la rena. Cambie el agua y repita.

2. Ahora continúe calentando ½ taza del jugo de almejas en una olla mediana con tapa a fuego fuerte. Mientras, lave las almejas bien utilizando un cepillo si es necesario.

3. Cuando el jugo haya hervido, agregue las almejas, cubra con la tapa y deje cocer por 8 minutos hasta que todas las almejas se hayan abierto. Apague la llama, añada el resto del jugo de almejas y ponga a un lado.

4. Separe las almejas de las conchas y descártelas. Cuele el jugo de las almejas sobre una toalla de papel o filtro de café y mézclelo con suficiente jugo de almeja embotellado para completar 2 tazas de jugo.

5. En otra olla, cocine la tocineta a fuego medio hasta que esté ligeramente crujiente, unos 7 minutos.

6. Añada la cebolla, la hoja de laurel, el apio y el tomillo, y cocine, revolviendo ocasionalmente, hasta que la cebolla esté transparente, de 4 a 6 minutos.

7. Añada la harina y cocine a fuego lento, revolviendo con una cuchara de madera, de 2 a 3 minutos.

8. Añada el jugo de almeja reservado, lleve a fuego lento y cocine por 5 minutos, revolviendo ocasionalmente. El líquido debe tener la consistencia de una crema espesa. Si es demasiado espesa, agregue más jugo de almeja para ajustar la consistencia.

9. Agregue las papas y cocine a fuego lento hasta que estén tiernas, unos 20 minutos.

10. Mientras tanto, coloque las almejas y la crema de leche en una cacerola y cocine de 6 a 8 minutos.

11. Cuando las papas estén tiernas, añada las almejas y la crema a la base de la sopa. Cocine a fuego lento durante 4 minutos. Agregue el jerez y sazone con la pimienta blanca y sal al gusto. Sirva caliente con galletitas y salsa picante o Worcestershire.

Sopa de almejas a la Manhattan
(Manhattan Clam Chowder)

★ RINDE 4–5 PORCIONES ★

La palabra chowder *en general se refiere a una sopa compuesta de crema o enriquecida con papas o harina. El* chowder *original fue creado en Nueva Inglaterra, pero cuando en Nueva York lo empezaron a hacer con tomate, probablemente por la influencia italiana, los habitantes de Nueva Inglaterra lo bautizaron a la Nueva York, porque en aquel tiempo, ser de Nueva York era considerado un insulto, de la misma manera que añadir tomates a esta sopa era un insulto, pero tuvo éxito, y así nació el Manhattan Clam Chowder.*

2	docenas de almejas
1½	tazas de jugo de almeja embotellado
2	cucharadas de aceite de oliva
1½	cucharaditas de orégano seco
2	hojas de laurel
3	ramitos de tomillo fresco
½	cucharadita de pimentón
1	taza de zanahorias picaditas
1	taza de cebolla blanca picadita
1	taza de apio picadito
1	de papas picaditas
2	dientes de ajo, picaditos
1	lata de 28 onzas de tomates enteros en salsa (preferiblemente San Marzano)
1	cubito de pollo
2	cucharadas de mantequilla
	Sal y pimienta negra
1	pequeño puñado de perejil fresco, picadito

1. Ponga las almejas en agua a temperatura ambiente y remoje por 10 minutos sin tocarlas. Luego sacuda el envase bruscamente para sacarles la rena. Cambie el agua y repita.

2. Ahora continúe calentando el jugo de almejas embotellado en una olla mediana con tapa a fuego fuerte. Mientras, lave las almejas bien utilizando un cepillo si es necesario.

3. Cuando el jugo haya hervido, agregue las almejas, cubra con la tapa y deje cocer por 8 minutos hasta que todas las almejas se hayan abierto. Apague la llama, añada el resto del jugo de almejas y ponga a un lado.

4. En otra olla grande caliente el aceite sobre fuego medio y agregue el orégano, las hojas de laurel, el tomillo, el pimentón y todos los vegetales menos el ajo. Cocine hasta que la cebolla esté translúcida, unos 5 a 6 minutos. Agregue el ajo picadito y cocine por 2 minutos más.

5. Abra la lata de tomates y, con su mano, tritúrelos todos y agréguelos a la sopa, enjuagando la lata con un poquito de agua para utilizar toda la salsa. Agregue el cubito y revuelva hasta que esté disuelto.

6. Separe las almejas de las conchas y descártelas. Cuele el jugo de las almejas sobre una toalla de papel o filtro de café y agréguelo a la sopa. Cocine sobre fuego lento por 1 hora.

7. Para servir, añada las almejas, la mantequilla, sal y pimienta al gusto, y termine con un poquito de perejil.

CONSEJO:

Esta sopa es mucho más deliciosa preparada en la mañana y servida en la noche o de la noche al siguiente día —esto permite que todos los sabores se incorporen bien creando una sopa más intensa.

Sopa de lentejas con jamón

★ RINDE 5-6 PORCIONES ★

Un buen plato de sopa de lentejas es probablemente una de las comidas más antiguas que existe y hacerla no podría ser más fácil. Originalmente de la India, esta legumbre es valorada por su contenido alto en proteína y por la habilidad de absorber grandes sabores. Por eso es muy común agregarle un buen hueso de cerdo, o un pedazo de pierna ahumada, transformándola así en un plato levanta muertos.

3	cucharadas de aceite de oliva
1	taza de zanahoria picadita
1	taza de apio picadito
1	taza de cebolla picadita
	Sal
1	diente de ajo picadito
1	libra de lentejas, enjuagadas
1	taza de tomates pelados y picados
2	hojas de laurel
8	tazas de caldo de pollo
1	jarrete de cerdo ahumado (o trozo grande de jamón)
½	cucharadita de comino

1. Coloque el aceite de oliva en una olla grande y caliente a fuego medio. Cuando el aceite esté caliente, añada la zanahoria, el apio, la cebolla, sal al gusto y sude hasta que la cebolla esté transparente, aproximadamente 5 minutos. Luego agregue el ajo y cocine revolviendo por 2 minutos más.

2. Añada las lentejas, los tomates, las hojas de laurel, el caldo, el jarrete, el comino, revuelva para combinar y aumente el fuego alto y lleve a ebullición.

3. Una vez que hierva, reduzca el fuego a medio-bajo tape y cocine a fuego lento hasta que las lentejas estén tiernas, aproximadamente 35 a 40 minutos. Sirva de inmediato.

CONSEJO:

Si desea la sopa más liquida, simplemente añada un poco de caldo, pero a mí me gusta licuar la mitad de la sopa y mezclarla con la otra mitad. Esto crea una sopa con varias texturas.

Sopa de arvejas partidas

(Split Pea Soup)

★ RINDE 4 PORCIONES ★

Hay varias sopas de arvejas que se comen en Estados Unidos, pero las clásicas son dos: la sopa de arvejas licuada y, la más rustica, la sopa de arvejas partidas. En esta sopa las arvejas son partidas por la mitad y tradicionalmente cocinadas con trozos de jamón, o tocineta, y otros vegetales picaditos. El plato es quizá el más popular en Nueva Inglaterra, donde fue introducido por los franco-canadienses alrededor del siglo XIX.

2	cucharadas de aceite de oliva
2	cucharadas de mantequilla
1	cebolla grande, picadita
1	taza de apio picadito
1	taza de zanahorias peladas y picaditas
1½	tazas de arvejas partidas
8	tazas de caldo de pollo o vegetal
2	hojas de laurel
	Sal y pimienta

1. Derrita la mantequilla con el aceite de oliva en una olla grande a fuego medio.

2. Agregue la cebolla, el apio y las zanahorias y saltee hasta que las verduras comiencen a ablandarse, unos 6 minutos.

3. Añada las arvejas, el caldo y las hojas de laurel, y lleve a ebullición. Reduzca el fuego a lento, cubra la olla y permita que la sopa hierva a fuego lento por 1 hora hasta que las arvejas estén tiernas, revolviendo con frecuencia.

4. Sazone con sal y pimienta al gusto y sirva caliente.

CONSEJO:

A mi me gusta mi Sopa de arvejas partidas bien suave y sin grumos, así que yo la licuo. Si desea hacer esto, no agregue las zanahorias y al final agregue un poco de crema agria con menta, estragón y perejil fresco, y licue bien. Otro truco es simplemente preparar esta sopa con arvejas frescas.

Paella de Louisiana

(Jambalaya)

Conocida como la Paella de Louisiana, esta cazuela de arroz con vegetales y carne tiene tres variaciones: la más común es la Creole, también llamada la Roja; después está la más popular en el sudoeste de Estados Unidos, llamada Cajun; y finalmente existe la Blanca, donde los vegetales son cocinados aparte del resto de los ingredientes.

2 cucharadas de aceite de oliva

1 cucharada de mantequilla

1 cebolla grande, picada

3 dientes de ajo medianos, pelados

1 pimiento verde grande, sin semillas y picado

2 tallos de apio, cortados en cuadritos

3 cucharadas de perejil italiano fresco picado

8 onzas de jamón ahumado, cortado en cubos de ½ pulgada

8 onzas de pechuga de pollo sin piel, cortado en cubitos

1 hoja de laurel grande

1 cucharadita de pimienta de cayena

1 lata (8 onzas) de salsa de tomate

1 lata (28 onzas) de tomates cortados en cubitos

1 taza de vino tinto

1 taza de caldo de pollo

¾ taza de arroz, sin cocer

2 libras de camarones medianos, pelados, limpios y cortados en trozos pequeños

Sal y pimienta

Salsa picante (opcional)

1. Ponga el aceite y la mantequilla en una olla grande a fuego medio y agregue la cebolla, el ajo, el pimiento y el apio, salteando hasta que la cebolla esté transparente.

2. Luego añada el perejil, el jamón, el pollo, la hoja de laurel y la pimienta de cayena, y cocine, revolviendo con frecuencia, por 6 minutos.

3. Agregue la salsa de tomate, los tomates en cubitos con su jugo, el vino y el caldo de pollo. Hierva a fuego lento, sin tapar, revolviendo de vez en cuando, unos 5 minutos.

4. Vierta el arroz en la olla, revuelva bien y lleve la mezcla a ebullición. Luego, baje la llama y cocine a fuego lento, tapado, de 30 a 45 minutos, o hasta que el arroz esté a punto y haya absorbido la mayor parte del líquido.

5. Añada los camarones y cocine 5 minutos más.

6. Sazone con sal y pimienta y sirva con salsa picante.

Cazuela de fideos

(Noodle Casserole)

★ RINDE 4–5 PORCIONES ★

Esta receta es fácil y útil, y puede hacerse con las sobras de pasta de la noche anterior. Agréguele pollo, vegetales o cómalo solo, de todas formas será delicioso. ¡Este plato clásico y reconfortante del repertorio americano le encantará a toda la familia!

1	libra fideos
2	huevos
1	cucharada de orégano seco
2	tazas de queso ricota
1½	tazas de queso mozzarella rallado
¼	taza de perejil
	Sal y pimienta
¼	taza de queso parmesano rallado

1. Cocine los fideos hasta que estén un poco menos que al dente, cuele y colóquelos en un tazón con los huevos, el orégano, el queso ricota, 1 taza de queso mozzarella y la mitad del perejil, revuelva bien y sazone con sal y pimienta.

2. Engrase una cazuela y vierta la mezcla en ella. Cubra con el resto del queso mozzarella y todo el parmesano, y hornee a 400°F por 20 minutos.

3. Adorne con el perejil picado restante y sirva caliente.

CARNES Y AVES

Con tierras repletas de diferentes animales que rondan las montañas, las sierras y los llanos, Estados Unidos ofrece una gran diversidad culinaria de carnes y aves: desde el icónico búfalo salvaje que dominó las llanuras de la región medio oeste, a la abundancia de aves silvestres y domesticadas, incluyendo el pavo indispensable de la fiesta de Acción de Gracias, así como diferentes especies de ganado, venados, cerdos y pequeños animales de caza. En este capítulo encontrarán un caleidoscopio de recetas donde el invitado de honor siempre está doradito, jugoso y sabroso.

Costillas de cerdo secas

(Dry Ribs)

★ RINDE 3–4 PORCIONES ★

Hay un gran debate entre los aficionados de la barbacoa americana: ¿costillas mojadas o secas? A lo que se refieren es al estilo, o la tradición de añadir salsa o servirlas "secas" al estilo tradicional considerando el perfume del humo con las especias suficiente aderezo. Aquí les presento una receta que combina especias que le dan un sabor extraordinario a las costillas. Vean el consejo que sigue la receta para transformarlas en costillas mojadas.

1   costillar de cerdo

PARA EL POLVO MÁGICO

½   taza de pimentón

¼   taza de sal

¼   taza de azúcar morena

¼   taza de cebolla en polvo

¼   taza de polvo de ajo

¼   taza de chile en polvo

2   cucharadas de pimienta de cayena

2   cucharadas de pimienta negra

2   cucharadas de semillas de apio

¼   cucharadita de canela en polvo

¼   cucharadita de clavo de olor en polvo

1   cucharadita de humo líquido (opcional)

PARA EL LÍQUIDO PARA ROCIAR

⅓   taza del Polvo mágico

4   tazas de vinagre blanco destilado

4   tazas de agua

1. Prepare las costillas lavándolas, secándolas y cortando la carne extra dejando el costillar en una tira rectangular.

2. Caliente su parrilla, ahumador u horno a 300°F.

3. Espolvoree la tira de costillas con una buena cantidad del Polvo mágico. Deje que las costillas reposen y se marinen por unos minutos (pero si puede de la noche a la mañana).

4. Si está cocinando en un horno utilice el humo líquido; si está cocinando a la parrilla no será necesario ya que el carbón y la madera agregarán ese sabor.

5. Envuelva las costillas ligeramente en papel de aluminio.

6. Cocine las costillas a 300°F por 2½–3 horas rociando con el líquido cada ½ hora hasta que las costillas lleguen a una temperatura interna de 160°F.

7. Deje que las costillas reposen por 10 minutos, corte y sirva.

> CONSEJO:
>
> *Para hacer costillas mojadas (Wet Ribs), siga esta misma receta, y simplemente tenga a mano una receta hecha de Salsa barbacoa de Kansas (pág. 184). Mientras cocina las costillas, píntelas con la salsa barbacoa durante la última media hora de cocción. Retire las costillas del papel de aluminio, deje que la salsa se cocine un poco y luego de reposarlas durante 10 minutos, sirva y disfrute.*

Costillas Gigantexas

(Texas Beef Ribs)

★ RINDE 4 PORCIONES ★

Como dice el dicho: "Todo es más grande en Texas!". Y no hay ninguna excepción cuando se trata de estas costillas de res. La primera vez que probé estas costillas fue en una zona de San Antonio, Texas, llamada Paseo del Río o simplemente Riverwalk. Las costillas eran tan gigantescas que casi rompen la mesa, por eso las llamo ¡Costillas Gigantexas!

1 costillar de res cortado en pedazos de 4 costillas

1 receta de Polvo mágico (pág. 131)

1. Comience lavando las costillas y cortándolas en pedazos de 4 costillas cada uno.

2. Cubra las costillas con Polvo mágico.

3. Deje reposar a temperatura ambiente por 20 minutos (si no tiene tiempo, continúe con el próximo paso).

4. Prepare su parrilla o ahumador a 275–300°F y cocine las costillas de 1½ a 2½ horas. Si quiere las costillas al estilo de Chicago, medio cocidas con un poquito de rojo en el centro, cocínelas hasta que lleguen a una temperatura interna de 150–160°F. Si las desea al estilo de Texas va a tener que dejarlas hasta que lleguen a una temperatura interna de a 180–190°F. A esta temperatura ya mucha de la grasa se ha derretido y el colágeno diluido.

5. Sirva caliente, si desea con un poquito de salsa barbacoa (ver Salsas, aliños y aderezos, pág. 173, para diferentes recetas de salsa barbacoa).

Falda

(Brisket)

★ RINDE 8 PORCIONES ★

La falda de res a la barbacoa es el plato nacional de la República de Texas. Cocido lento y por mucho tiempo con humo de leña, es una carne espectacular y jugosa con muchos tonos de humo y convierte una cena simple en extraordinaria. Pero recuerden que esta es una obra de arte, y como muchas obras de arte requerirá mucho amor, tiempo y paciencia.

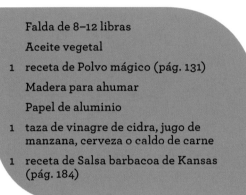

Falda de 8–12 libras

Aceite vegetal

1 receta de Polvo mágico (pág. 131)

Madera para ahumar

Papel de aluminio

1 taza de vinagre de cidra, jugo de manzana, cerveza o caldo de carne

1 receta de Salsa barbacoa de Kansas (pág. 184)

1. Lave la falda con agua fría y seque con toallas de papel.

2. Frote aceite por toda la carne seguido por una buena cantidad de Polvo mágico (algunas especias en el polvo son solubles en aceite y ayudaran a sazonar la carne).

3. Deje reposar a temperatura ambiente mientras prepara la parrilla o el ahumador a 250°F.

4. Cocine la carne (con la grasa hacia abajo) con humo a 225–250°F por 1½ hora por cada libra, y voltee la carne a la mitad del tiempo. La carne se cocinará por varias horas subiendo de temperatura constantemente hasta llegar a una temperatura interna de 150°F. Esta temperatura es conocida como *"the stall"* (el dilato, el paro, el punto muerto,

el impasse), y la carne no subirá más de temperatura que 150°F. No se preocupe ni suba el calor.

5. Aquí vamos a emplear una técnica llamada la muleta tejana, *"the Texas crutch"*, la cual requiere tomar la carne, retirarla de la parrilla o el ahumador y envolverla en aluminio. Lo que sucede aquí es que la carne empieza a sudar y ese liquido la enfría, de manera similar a cuando sudamos nosotros. Cubrirla con aluminio crea un efecto como si estuviéramos corriendo con un impermeable— uno suda pero eso no lo enfría.

6. Envuela la carne en papel de aluminio, agregando el jugo de manzana o cerveza mientras lo hace, y asegúrese de que no se riegue el líquido.

7. Devuelva esto a la parrilla o coloque en un horno de 225–250°F hasta que la carne llegue a tener una temperatura interna de 190°F.

8. Luego tome la carne todavía cubierta y colóquela en una gavera o bolso térmico por un mínimo de 1 hora pero hasta 3 en total. La carne necesita descansar y dejar que los jugos internos se redistribuyan así cuando uno la corta no termina con un lago de jugos deliciosos en su tabla para cortar.

9. Usando un cuchillo filoso corte la carne en contra del grano y sirva con salsa barbacoa si desea.

Cerdo entero

(Whole Hog)

★ RINDE 4–8 PORCIONES ★

En Estados Unidos están los amantes de la barbacoa, y después están los fanáticos de la barbacoa, y eso significa solamente una cosa: el cerdo entero. Hay diferentes recetas de qué tipo de especias utilizar, qué tipo de madera para ahumar, el tamaño, etc., pero algo en lo que todo el mundo concuerda es en el dicho "long and slow", es decir "a largo tiempo y a temperatura lenta".

1 cerdo que cabe en el horno

10 cuartos de galón de agua

5 tazas de sal kosher

4½ tazas de azúcar morena

1 taza de melaza

½ taza de dientes de ajo machacados

1 receta de Polvo mágico (pág. 131)

½ taza de aceite vegetal, para rociar la carne

1. Combine todos los ingredientes (menos el aceite para rociar y el Polvo mágico).

2. En una bolsa grande de basura negra y gruesa vierta los ingredientes combinados en el primer paso y el cerdo. Saque todo el aire y cierre la bolsa bien. Colóquela en un envase adentro de la nevera y refrigere de 12 a 24 horas.

3. Cuando esté listo para cocinar, remueva el cerdo de la bolsa de basura, bote los líquidos y séquelo bien con toallas de papel. Luego rocíelo con aceite, frote con mucho polvo mágico por dentro y fuera, y rellénelo con bolas de papel de aluminio para ayudar a conducir el calor y mantener la posición deseada.

4. Coloque las patas del cerdo debajo del cuerpo, tirando las patas traseras hacia adelante y las patas delanteras hacia atrás.

5. Ponga papel aluminio por debajo de todo el cerdo para asegurar que quede sentado y no toque el horno.

6. Ase a 250°F por aproximadamente 3 horas hasta que la temperatura interna de una pierna llegue a 150°F.

7. Cubra todo con papel de aluminio y cocine por 45 minutos a 1 hora hasta que el cerdo llegue a 170°F en su parte más gruesa. Si desea, a último momento suba el horno a 400°F, retire el aluminio, pinte con un poquito de aceite y tueste el cerdo de 5 a 15 minutos hasta que la piel esté crujiente.

Jamón navideño

(Christmas Ham)

¿Qué se puede decir que no se haya cantado de las cimas de las montañas alrededor del mundo? No hay ninguna parte de ningún animal que haya sido alabado tanto como el poderoso y al mismo tiempo humilde jamón. De Francia, a Italia, a España y Estados Unidos, el gran cochino ha sido celebrado por su versatilidad, sensualidad y decadencia salada. El jamón espiral curado con o sin sal es un plato navideño disfrutado por toda la gente de este hermoso país.

1½ tazas de miel

¼ taza de ajo pelado

½ taza de mostaza Dijon

1 jamón espiral de 8 libras

1 lata (20oz) de aros de piña

1 jarra de cerezas al marrasquino

1. Licúe la miel, el ajo y la mostaza.

2. Cubra el jamón entero con la mayoría de la mezcla y cocine a 350°F por 1 hora.

3. Nuevamente glasee el jamón con la mezcla restante de miel, cubra con los aros de piña y las cerezas utilizando palitos de madera para que se queden en su lugar.

4. Hornee por 10 minutos más hasta que la piña se dore un poquito.

5. Sirva con un envase al lado conteniendo todos los deliciosos jugos que queden en la bandeja.

Mar y tierra

(Surf n' Turf)

★ RINDE 2 PORCIONES ★

Cada vez que salgo a celebrar algo importante en una churrasquería tengo dos cosas en mente: un buen bistec grueso y jugoso y una langosta bañada con mantequilla, preferiblemente uno encima del otro. Aquí les presento cómo pueden preparar esto para sus seres queridos en su propia casa; los resultados, les garantizo, serán nada menos que milagrosos.

Sal y pimienta

Aceite de oliva

1 langosta de 2 libras

1 cebolla española grande

½ taza de harina blanca

1 huevo

1 taza de pan rallado

Aceite vegetal

4 tiras de tocineta

Filet Mignon, 2 Filetes de 2 pulgadas de grosor

4 cucharadas de queso azul desmenuzado

1 cucharadita de mantequilla

2 dientes de ajo, cortados en rodajas finas

1 ramito de romero

1 taza de salsa de tomate

1 taza de vino tinto

¼ de cubito de caldo de carne

1. Precaliente el horno a 500°F.

2. Ponga una olla de agua a hervir, añada sal, pimienta y un chorrito de aceite de oliva.

3. Cueza la langosta dejando caer en el agua hirviendo; tape y hierva por 5 minutos.

4. Retire la langosta del agua y colóquela en un recipiente lleno de agua y hielo para que se enfríe rápidamente. Cuando se haya enfriada, gire de la cola y las garras separándolas del cuerpo.

5. Para abrirlas, envuelva las garras con una toalla de papel y pártalas con un cascanueces. Tome un par de tijeras y corte desde el hombro de la pinza a través del codo a la cáscara dura. Si se rompe en pedazos, no se preocupe, la carne de langosta sabe igual en piezas enteras o en pedazos.

6. Para la cola solo tiene que cortar por la mitad por la parte media suave con una tijera, retirar la carne de la cola y cortar en dos con un cuchillo.

7. Aquí es donde este plato se transforma en algo extraordinario. Vamos a hacer un par de aros de cebolla. Simplemente pele la cebolla y corte anillos de ¾ pulgadas de grosor.

8. Separe los anillos individuales y mezcle con la harina.

9. Bata el huevo ligeramente y uno a uno empanice los anillos metiéndolos en el huevo y después en el pan rallado.

10. Fría los aros en aceite vegetal a 375°F hasta que estén dorados y crujientes.

11. Retire y coloque sobre toallas de papel.

12. Para preparar la carne: comience envolviendo las tiras de tocineta alrededor de los dos filetes y ate con dos trozos de hilo para asar.

13. Sazone ambos lados de la carne con sal y pimienta.

14. Caliente una sartén a fuego medio y cocine los filetes con el lado de tocineta hacia abajo, rotando 90 grados cada minuto sólo para darle a la tocineta un poco de color.

15. Después de haber cocinado la tocineta por todos los lados, coloque el filete del lado de la carne hacia abajo y cocine por 3 minutos a fuego medio.

16. De vuelta el filete y colóquelo en el horno por 3 minutos o hasta que llegue a una temperatura interna de 120°F.

17. Retire del horno y cubra con el queso azul desmenuzado.

18. Agregue la mantequilla en la sartén con la carne y la langosta y devuelva al horno por 2 minutos o hasta que el queso se haya derretido y la carne haya llegado a una temperatura interna de 130°F.

19. Retire la langosta y la carne de la sartén y colóquelas en un plato tibio para que reposen un poco.

20. La salsa va a ser una salsa de vino simple, y así es como la hacemos: rocíe un poco de aceite de oliva en una sartén a fuego medio y sofría el ajo con el ramito de romero.

21. Cuando el ajo esté dorado añada la salsa de tomate y el vino con el cubito de caldo.

22. Cocine por 5 minutos o hasta que la salsa se haya reducido a la mitad. Termine la salsa retirando la olla del fuego y añadiendo una cucharada de mantequilla.

23. Mezcle la salsa hasta que la mantequilla se haya derretido e incorporado a la salsa; añada sal y pimienta a gusto.

24. Para componer el plato, use tijeras para cortar el hilo de los filetes y colocarlos en dos platos calientes.

25. Mezcle la langosta caliente con la mantequilla derretida y coloque un brazo/garra + ½ cola en la parte superior de cada filete con una pequeña torre de aros de cebolla; coloque un ramito de romero en el agujero de los aros de cebolla.

26. Rocíe la salsa alrededor de la carne con una cuchara y sirva de inmediato. ¡Buen provecho!

Chuletas de cerdo con salsa de manzana

(Pork Chops with Applesauce)

★ RINDE 4 PORCIONES ★

En Estados Unidos las chuletas de cerdo son tradicionalmente servidas con algo dulce. Estos acompañamientos pueden ser manzanas, duraznos y otros tipos de frutas, hasta mermeladas. Este corte de carne tradicionalmente se corta grueso y es cocido con el hueso. A mí me encantan las chuletas preparadas en una sartén caliente y servidas con una salsa simple de manzanas con un poquito de romero; pero si tiene tiempo y se siente aventurero, rellénelas con su chorizo favorito o con relleno de pan.

4 chuletas frescas de un carnicero

Sal y pimienta

2 cucharadas de aceite canola

2 ramitos de romero fresco

Salsa de manzana clásica (pág. 191)

CONSEJO:

El cerdo es una de esas carnes que la gente teme mucho. Todo el mundo piensa que se debería cocinar hasta que esté completamente cocido y sin ningún rastro de jugos o sangre y después se quejan de que está muy seco. La verdad es que si uno averigua sobre el origen del cerdo, lo compra fresco y de carniceros de confianza, uno se puede asegurar de que el animal es local, de un buen criadero y de buena calidad. Así uno puede cocinarlo como si fuera carne buena, a 140°F.

1. Caliente una sartén a fuego alto.

2. Abra una ventana, encienda su ventilador y prepárese porque va a haber una buena cantidad de humo.

3. Sazone las chuletas con sal y pimienta.

4. Agregue el aceite a la sartén y cocine las chuletas dos por vez, unos 2–4 minutos.

5. Voltee y cocine por 4–5 minutos más o hasta que lleguen a una temperatura interna de 140°F.

6. Deje que reposen en un plato o tabla por 2–5 minutos, luego corte y sirva con salsa de manzana y trocitos de romero.

Estofado de carne

(Pot Roast)

★ RINDE 6–7 PORCIONES ★

Este plato de familia se caracteriza por un trozo de carne grande, tradicionalmente algo barato y duro como la paleta o el pescuezo, que requiere ser cocido a fuego lento y por mucho tiempo para rendir una carne tierna y jugosa. Este guiso se acompaña con vegetales cortados medio duros y en trozos grandes así se ablandan con el tiempo y crean una salsa armoniosa que acompaña la carne.

3 cucharadas de aceite de oliva

3 cebollas en rodajas

4 libras de carne para asar

Harina para esparcir

7 zanahorias, cortadas en trozos

3 tallos de apio, cortados en trozos

2 tazas de caldo de carne

2 tazas de vino tinto fuerte (tipo Malbec o Cabernet)

6–7 ramitos de tomillo fresco

1 cucharadita de pimienta recién molida negra

2 ramitos de romero fresco

4 dientes de ajo, aplastados

2 cucharadas de mantequilla a temperatura ambiente

2 cucharadas de harina blanca

Sal y pimienta al gusto

1. En una olla grande, preferentemente de hierro fundido, caliente el aceite de oliva a fuego medio y saltee la cebolla más o menos 3 a 4 minutos hasta que esté dorada.

2. Esparza la harina sobre la carne, añada a la olla y dore por todos lados. No se preocupe si se quema todo un poco, eso es bueno y va a añadir mucho sabor al estofado.

3. Agregue las zanahorias, el apio, el caldo de carne, el vino, el tomillo, la pimienta negra, el romero y el ajo.

4. Reduzca el fuego, cubra parcialmente y cocine a fuego lento por 3–3½ horas, dando vuelta la carne de vez en cuando.

5. Cuando la carne esté tierna y se deshebre fácilmente, retírela delicadamente de la olla con el resto de los vegetales y los ramitos de tomillo.

6. Amase la mantequilla con las 2 cucharadas de harina hasta que estén bien mezcladas y formen una masa; esto se llama *buerre manie*.

7. Agregue la mezcla al caldo y revuelva con un batidor hasta obtener una salsa medio gruesa. Si desea que la salsa sea más líquida agregue un poquito más de vino o caldo, y si la desea más gruesa agregue un poco más de la *buerre manie*.

8. Retire del fuego, devuelva los vegetales a la olla, corte la carne en cubos, combine todo en la olla y sirva acompañado con un buen plato de arroz blanco. Esto absorbe todo el liquido del estofado creando un plato que nutrirá su cuerpo y su alma.

Rosbif

El Rosbif es un corte de carne gigante asado a fuego alto creando una corteza negra y gruesa que protege el interior jugoso y semi rojo. Ya sea como plato principal de la cena o rebanado para sándwiches, siempre satisface a toda la familia americana.

1 solomillo de punta o asado de tira de carne (de 2–3 libras)

Sal y pimienta negra recién molida

3 cucharadas de aceite de oliva

6–7 ramitos grandes de romero fresco

6–7 ramitos de tomillo fresco

1. Para hacer la carne asada, precaliente el horno a 375˚F.

2. Sazone la carne con sal y pimienta al gusto.

3. En una cacerola mediana, pesada o para asar a fuego alto, caliente el aceite de oliva y dore la carne a fuego alto por todos lados.

4. Apague el fuego, agregue el romero y el tomillo, y coloque la olla en el horno. Ase 30–40 minutos hasta que un termómetro de carne registre una temperatura interna de 130°F.

5. Saque el asado del horno, forre con papel de aluminio, cubra con una toalla y deje reposar por 15 minutos.

6. Rebane finamente y sirva con Salsa barbacoa de Kansas (pág. 184), Salsa gravy clásica (pág. 182) o salsa de rábano picante.

Bistec Diane

La evidencia sugiere que el Bistec Diane es una invención estadounidense de los años cincuenta y sesenta, cuando se popularizó la cocina francesa de la mano de Julia Child y los menús de los Kennedy en la Casa Blanca. Las presentaciones extravagantes como el flambée estaban de moda en muchos de los mejores restaurantes, acompañadas con salsas de vino enriquecidas con crema. Supuestamente nombrada en honor a la diosa romana de la caza, la salsa, que tiene sus raíces en el año 1907, fue creada por Escoffier, uno de los chefs más famosos de todos los tiempos, y era normalmente servida sobre venado. ¿El toque americano? Servirlo sobre la carne más extraordinaria del momento, el filet mignon.

3 tazas de caldo de carne

½ taza de vino tinto (tipo Malbec o Cabernet)

½ taza de puré de tomates

1 cucharada de mantequilla sin sal

4 medallones de filet mignon de 1 pulgada de gruesos

½ cucharadita de sal

¼ cucharadita de pimienta negra recién molida

3 dientes de ajo, picado

1 chalote grande, picado

1 taza de champiñones

¼ taza de coñac o brandy

1 cucharada de mostaza Dijon

¼ taza de crema espesa

2 cucharaditas de salsa Worcestershire

1 cucharadita de perejil picadito

1. Comience reduciendo el caldo con el vino y el puré de tomates hasta que quede solo 1 taza de la reducción.

2. Caliente la mantequilla sobre fuego medio en una sartén.

3. Cuando la mantequilla esté derretida, sazone la carne con la sal y la pimienta y saltee por 1 minuto, voltee la carne y continúe cocinando.

4. Agregue el ajo con los chalotes picaditos y revuelva por 30 segundos.

5. Agregue los champiñones y cocine por 3 minutos más hasta que estén cocidos.

6. Retire la carne de la sartén y envuelva en una hoja de papel de aluminio para mantenerla tibia.

7. Agregue el coñac a la sartén y prenda con un fósforo o un encendedor. Cuando se apague la llama, agregue la mostaza, la crema y la salsa Worcestershire y cocine por 30 segundos sobre fuego alto.

8. Devuelva la carne con los jugos que le hayan salido y estén en el papel de aluminio.

9. Apague la llama, agregue el perejil y bañe la carne con la salsa.

10. Sirva sobre arroz o puré de papas para que toda esa salsa sabrosa no sea malgastada.

Guiso picante de Kentucky

(Kentucky Burgoo)

★ RINDE 6–8 PORCIONES ★

El Burgoo es un guiso picante parecido a un guiso irlandés o estofado Mulligan. Se caracteriza por prepararse en cantidades gigantescas, tradicionalmente para un evento de la comunidad. Se cuece por horas y horas hasta que todos los ingredientes se hayan pulverizados creando una sopa gruesa y homogénea, transformando mil sabores en un armónico burgoo. Dicen que en esas partes de Kentucky este guiso era también conocido como guiso atropellado porque la gente utilizaba cualquier carne que hubiera disponible incluyendo ardillas, venado, tlacuache y mapache. Hoy en día las carnes usadas son pollo, cerdo y cordero con toques de carnes ahumadas.

1	libra de pierna de cerdo
1	libra de jarrete de ternera
1	libra de pierna de cordero
6	muslos de pollo
	Aceite de canola
4	cebollas amarillas grandes, peladas y picadas
1	taza de apio cortado en cubitos
2	tazas de zanahorias pelada y cortada en cubitos
1	taza de pimiento verde sin semillas y picado
4	dientes de ajo, picaditos
3	papas grandes, peladas y cortadas en cubitos
4	cuartos de galón de agua fría
1	taza de repollo picado
1	taza de maíz de grano entero, fresco o en conserva
1	cucharada de hojuelas de pimiento rojo
1	taza de quingombó picado fresco o congelado
2	hojas de laurel
1	ramillete de hierbas aromáticas
2	tazas de puré de tomates
	Sal y pimienta de cayena

1. Caliente el horno a 400°F.

2. Glasee las carnes y el pollo con un poquito de aceite y ase por 20 minutos hasta que estén doradas.

3. Coloque las carnes, el pollo y el resto de los ingredientes en una olla grande y cocine por 5 horas revolviendo de vez en cuando para que nada se pegue en el fondo. El punto es cocinar todo hasta que toda la carne esté completamente desmenuzada y los vegetales hechos puré.

4. Después de las 5 horas, saque la carne y desmenúcela completamente quitando todos los huesos del guiso. Tradicionalmente este Guiso picante de Kentucky es servido con Pan de maíz (pág. 50), salsa picante y salsa Worcestershire.

Bistec frito
(Chicken Fried Steak)

★ RINDE 2–3 PORCIONES ★

Chicken Fried Steak, literalmente Bistec de Pollo Frito, es un nombre que confunde un poco pero al traducirlo del inglés como simple y llanamente Bistec frito, aclara un poco las cosas.. Se dice que el plato fue traído por los vieneses, cuando preparaban sus schnitzels, o milanesas, de carne escalopada y empanizada. Cuando llegaron a Texas, con la abunduncia de vacas, el plato fue domesticado y como los tejanos estaban acostumbrados a freír el pollo de esta manera, así surgió el nombre en inglés.

4 filetes (½ pulgada) de bife (quitar el exceso de grasa)

½ cucharada polvo de ajo

½ cucharada de páprika

Sal y pimienta

2 cucharadas de harina y un poco más para empanizar

4 huevos

2 tazas de pan rallado de sazonado

2 tazas dc aceite vegetal

2 tazas de caldo de pollo

½ taza de leche entera

½ cucharadita de hojas de tomillo fresco

Pizca de nuez moscada

1. Comience colocando los filetes, uno por vez, en una bolsa Ziplock grande y aplaste usando un rodillo o una maza hasta que queden ¼ pulgada de finos.

2. Haga esto con todos y colóquelos uno al lado del otro para sazonar.

3. Sazone ambos lados con las especias y sal y pimienta al gusto.

4. Prepare su estación para empanizar con un plato hondo o un recipiente con la harina, uno con los huevos ligeramente batidos y el último con el pan rallado.

5. Caliente el aceite a 365–375°F en una sartén honda.

6. Uno por uno cubra los filetes en la harina, seguida por los huevos y finalmente el pan rallado.

7. Fría cada uno hasta que estén dorados.

8. Retire del aceite y escurra en toallas de papel.

9. Descarte la mayoría del aceite de la sartén menos 2 cucharadas.

10. Agregue las 2 cucharadas de harina y cocine sobre fuego medio por 1 minuto.

11. Agregue el caldo de pollo más la leche y el tomillo y cocine por 1–2 minutos hasta que no sepa a harina cruda.

12. Termine con un poquito de sal y pimienta, con una pizca de nuez moscada. Sirva la carne con un poco de la salsa caliente.

Pollo a la barbacoa

(BBQ Chicken)

★ RINDE 4 PORCIONES ★

Hay una gran diferencia entre pollo a la barbacoa y pollo a la parilla. Los dos incluyen el calor del carbón combinado con el humo de la leña. En la tradición de carnes barbacoa en Estados Unidos el punto es cocinar a fuego lento por mucho tiempo. El problema con el pollo es que si uno lo cocina por mucho tiempo se reseca demasiado. La solución es simple: una buena salsa barbacoa.

4   piernas y 4 muslos de pollo

Aceite de canola o vegetal

Sal y pimienta negra

1   receta de Salsa barbacoa de Kansas (pág. 184)

1. Lave el pollo en agua fría y seque con toallas de papel.

2. Rocíe el pollo con un poco de aceite y sazone con sal y pimienta.

3. Coloque en el medio de una parilla y cocine de 3 a 4 minutos de cada lado hasta que esté completamente dorado de los dos lados.

4. Meta el pollo en la salsa barbacoa y devuelva a la parrilla pero de un lado.

5. Cocine el pollo en fuego indirecto hasta que registre una temperatura interna de 160°F.

6. Sirva bien caliente con más salsa barbacoa.

Pollo del rey

(Chicken a la King)

Este delicioso plato de pollo con crema servido en una copita crujiente de hojaldre fue un invento del siglo XIX. El tipo de pastel y su nombre, vol-au-vent, *fueron inventados por Antonin Carême en su pastelería que abrió sus puertas en la rue de la Paix en el año 1803. La crema también tiene influencias francesa, ya que el pollo es servido en una salsa llamada* béchamel. *Sin embargo, la combinación del pollo con los vegetales en la salsa béchamel dentro del hojaldre ligero y crujiente forma un plato inolvidable que dicen fue creada por el chef William "Bill" King en el hotel Bellevue, en Filadelfia. De ahí su nombre en inglés, Chicken a la King.*

1 paquete de masa de hojaldre

2 huevos

4 cucharadas de aceite de oliva

3 tazas de pechuga de pollo cruda picada en trocitos

1 cucharada de orégano seco

Sal y pimienta

1 taza de zanahorias picadas en trozos medianos

1 taza de apio picado en trocitos

1 taza de cebolla picada en trocitos

1 taza de pimiento verde picado en trocitos

2 tazas de champiñones rebanados

3 ramitos de tomillo

2 hojas de laurel

2 cucharadas de mantequilla

2 dientes de ajo, picaditos

2 cucharadas de harina blanca

2½ tazas de caldo de pollo

1 taza de crema de leche

½ taza de *petit pois* (frescos o congelados)

Sal y pimienta negra

Pizca de nuez moscada

1. Comience preparando los *vol-au-vents*. Tome la masa de hojaldre y estírela hasta que quede de ¼ pulgada de grosor.

2. Con un cortapastas redondo, corte discos de 2½ pulgadas usando toda la masa.

3. Con otro cortapastas de 1½ pulgadas corte un hoyo en el medio de la mitad de los discos de masa.

4. Con un tenedor pinche los discos para evitar que al hornearlos se eleven mucho.

5. Rompa los huevos en un tazón, agregue un salpicón de agua y bata bien.

6. Con una brocha glasee los discos enteros. Ahora tome los aros creados con el hoyo en el medio y coloque encima de cada uno de los discos. Glasee con un poco más de huevo.

7. Hornee a 375°F de 20 a 30 minutos hasta que los *vol-au-vents* estén doraditos.

8. Retire del horno y deje que se enfríen un poco.

9. En una olla grande caliente 1 cucharada de aceite de oliva sobre fuego alto.

10. Corte y sazone el pollo con el orégano, la sal y la pimienta.

11. Saltee en dos grupos de 2 a 3 minutos hasta que estén doraditos y todavía vea partes crudas (no se preocupe, lo cocinaremos más después, solo quiere un poco de color).

12. Agregue el resto del aceite de oliva, baje la llama a media-alta y añada los vegetales (menos los *petit pois* y el ajo) con el tomillo y la hoja de laurel y cocine por 4 minutos hasta que la cebolla este transparente y los vegetales tengan un poco de color.

13. Agregue la mantequilla con el ajo y cocine por 1 minuto más.

14. Agregue la harina y cocine por 1 minuto.

15. Agregue el caldo, lleve a ebullición y cocine por 1 minuto.

16. Agregue la crema y hierva.

17. Devuelva el pollo, con los *petit pois* y cocine sobre fuego medio por 3 minutos.

18. Apague la llama, y sazone con sal y pimienta.

19. Termine con la pizca de nuez moscada, revuelva y sirva dentro de los *vol-au-vents*.

Pollo y bollitos
(Chicken and Dumplings)

★ RINDE 4 PORCIONES ★

Los bollitos, una combinación de harina con agua, o caldo y algunas veces mantequilla o manteca, son bocadillos disfrutados por mucha gente en diferentes partes del mundo. Son económicos, súper fáciles de hacer y buenos para alimentar a una familia grande con poco dinero. En Estados Unidos, los bollitos se popularizaron durante la gran depresión y fácilmente se volvieron parte de la comida de cada día. Con el tiempo, a la gente le gustó tanto que empezaron a comerlos por puro placer y hoy en día son parte de la comida reconfortante del sur.

PARA LOS BOLLITOS

2   tazas de harina

2   cucharaditas de polvo para hornear

¾   cucharadita de sal

¾   taza de leche

3   cucharadas de mantequilla derretida

2   cucharadas de hierbas frescas picadas, como el perejil o estragón (opcional)

PARA EL POLLO

4   cucharadas de aceite de oliva

3   tazas de pechuga de pollo cruda picada en trocitos

1   cucharada de orégano seco

Sal y pimienta

1   taza de zanahorias picadas en trozos medianos

1   taza de apio picado en trocitos

1   taza de cebolla picada en trocitos

3   ramitos de tomillo

2   hojas de laurel

2   cucharadas de mantequilla

2   dientes de ajo, picaditos

2   cucharadas de harina blanca

3   tazas de caldo de pollo

1   taza de crema de leche

½   taza de *petit pois*, frescos o congelados

Sal y pimienta blanca

Pizca de nuez moscada

1. En una olla grande caliente 1 cucharada de aceite de oliva sobre fuego alto.

2. Corte y sazone el pollo con el orégano, la pimienta y la sal, y saltee en dos grupos de 2 a 3 minutos hasta que estén doraditos y todavía vea partes crudas (no se preocupe, lo cocinaremos más después, solo quiere un poco de color).

3. Agregue el resto del aceite de oliva, baje el fuego a medio-alto y añada los vegetales (menos los *petit pois* y el ajo) con el tomillo, y la hoja de laurel y cocine por 4 minutos hasta que la cebolla esté transparente y los vegetales tengan un poco de color.

4. Agregue la mantequilla con el ajo y cocine por 1 minuto más.

5. Agregue la harina y cocine por 1 minuto.

6. Agregue el caldo y lleve a ebullición.

7. Ahora prepare la masa para los bollitos, tamizando los ingredientes secos, combinándolos con los húmedos y revolviendo hasta tener una masa, y deje caer cucharada por cucharada de esta masa de bollitos en el caldo.

8. Tape la olla y cocine por 15 minutos hasta que los bollitos estén completamente cocidos.

9. Agregue la crema y los *petit pois,* y cocine sobre fuego medio por 3 minutos más.

10. Apague la llama y sazone con sal y pimienta blanca.

11. Termine con la pizca de nuez moscada, revuelva y sirva caliente en platos hondos con un poquito de salsa picante al lado.

CONSEJO:

Es importante no batir de más cualquier tipo de masa ya que haciendo esto uno crea gluten, una proteína en la harina que vuelve elástica a la masa pero dura cuando se cuece. Si puede, le recomiendo buscar harina para torta; esta contiene menos gluten y resultará en bollitos más tiernos y ligeros.

Pollo y gofres

(Chicken and Waffles)

Aunque la combinación suena un poco extraña, imaginen vivir en una granja. Cuando uno se levanta y va a recoger los huevos de las gallinas, algunas veces necesita alguito más que el simple desayuno de siempre. Esta necesidad de comer incorpora al pollo en la primera comida del día. Thomas Jefferson, el autor de la Declaración de Independencia y el tercer presidente de Estados Unidos, fue una de las primeras personas en traer una "wafflera" de Francia. Ya que en el sur el pollo frito era tan popular, con el tiempo resultó la incorporación de ambos en uno de los platos más adorados de Estados Unidos.

1 receta de Gofres (pág. 34)

1 receta de Pollo frito crujiente (pág. 156) menos las hierbas y el ajo

Mantequilla a temperatura ambiente

Jarabe de arce

1. Prepare los gofres y manténgalos tibios cubiertos en con papel de aluminio en el horno.

2. Prepare el pollo frito, y mantenga caliente en el horno con los gofres.

3. Sirva juntos con la mantequilla y el jarabe de arce.

Pavo del Día de Acción de Gracias

(Thanksgiving Turkey)

★ RINDE 8 PORCIONES ★

Todos los años, el cuarto jueves del mes de noviembre, mi familia se reúne a celebrar una fiesta tradicional americana llamada Thanksgiving o Día de Acción de Gracias. Esta reunión celebra el día en que los peregrinos sobrevivieron el primer invierno helado en Estados Unidos por la caridad y ayuda de los indios nativos de la nueva tierra. Aunque en esa primera cena no se comió pavo, el ave se ha vuelto un símbolo de este día festivo, el cual hoy en día no se puede comer sin el tradicional relleno.

PARA EL RELLENO

- ½ taza de apio picadito
- ½ taza de cebolla picadita
- ½ taza de zanahoria rallada
- 1 taza de maíz enlatado
- 2 tazas de caldo de pollo
- 1 cubito de caldo de pollo
- 4 tazas de cubitos de pan (1 pan mediano)
- 2 cucharadas de perejil picado
- 2 huevos batidos (opcional)

1. En una olla sobre fuego medio cocine el apio, la cebolla y la zanahoria por 5 minutos hasta que todo esté completamente cocido.

2. Agregue el maíz colado seguido por el caldo de pollo y el cubito, y hierva todo hasta que el cubito se haya disuelto y el caldo esté hirviendo completamente.

3. Ponga el pan en un recipiente grande, apague la llama y agregue el caldo encima del pan.

4. Deje que el pan se remoje por 5 minutos, agregue el perejil picado y los huevos.

5. Ponga la masa en una fuente de horno y cocine en el horno a 350°F por 30 minutos hasta que la superficie esté doradita y un poquito quemada.

- 1 pavo joven de más o menos 16 libras

PARA LA SALMUERA

- 1 taza de sal kosher
- 3 cucharadas de azúcar morena
- 2 cucharadas de pimienta negra entera
- 1 cabeza de ajo, cortada por la mitad lateralmente
- 2 cebollas, rebanadas
- 3 hojas de laurel
- 3 ramitos de tomillo
- 2 ramitos de romero
- 1 litro de caldo de verduras, o 1 galón de agua y 8 cubitos de pollo
- 1 galón de agua muy helada

1. Empiece descongelando su pavo en el refrigerador durante aunque sea 2 días (si puede, compre un pavo fresco de un criadero).

2. Para preparar la salmuera combine todos los ingrediente menos el agua helada en una olla grande a fuego alto. Revuelva de vez en cuando para disolver los sólidos y lleve a ebullición.

3. Retire la salmuera del fuego, deje enfriar a temperatura ambiente y refrigere.

4. La noche anterior, combine la salmuera y el agua helada en una bolsa de basura gruesa y colóquela adentro de un balde u olla de 5 galones.

5. Coloque el pavo descongelado con la pechuga hacia abajo en la salmuera, cierre la bolsa apretando y quitando la mayoría del aire de adentro, ate y refrigere o coloque en un lugar fresco toda la noche.

PARA COCINAR EL PAVO

- 1 manzana roja, en rebanadas
- 1 cebolla, en rodajas
- 1 cabeza de ajo
- 1 palito de canela
- 3 ramitas de salvia
- 5 ramitos de romero
- 1 taza de mantequilla derretida para glasear
  Estopilla para cubrir el pavo
- 4 ramitos de tomillo
  Papel de aluminio, cortado en un cuadrado y doblado para formar un triángulo suficientemente grande para que cubra el pecho del ave

1. Precaliente el horno a 500°F.

2. Combine la manzana roja en rebanadas, la cebolla en rodajas, la cabeza de ajo cortada por la mitad y el palito de canela en una bandeja plana con un poquito de aceite y ase por 10 minutos.

3. Quite el ave de la salmuera y enjuague por dentro y por fuera con agua fría. Deseche la salmuera.

4. Coloque el ave sobre una rejilla de asar dentro de una bandeja plana y seque con toallas de papel.

5. Rellene con la manzana, el ajo, la cebolla y la canela asados, seguidos por la salvia y el romero.

6. Con una brocha, glasee el pavo con la mantequilla derretida.

7. Coloque la estopilla encima del pavo, seguida por los ramitos de tomillo distribuidos por arriba. Doble la estopilla cubriendo las hierbas y toda la superficie del pavo. Usando sus manos, apriete la estopilla en cada esquina del pavo.

8. Usando una brocha moje la estopilla completamente con mantequilla derretida.

9. Ase el pavo en el nivel más bajo del horno a 500°F por 30 minutos y luego reduzca la temperatura del horno a 350°F.

10. Retire del horno y glasee el pavo entero con más mantequilla; forre la pechuga con el papel de aluminio y devuelva al horno. Un pavo de 16 libras requiere un total de 2 a 2½ horas para asar. El pavo está listo cuando llegue a una temperatura interna de 160°F en la pechuga.

11. Cuando el pavo esté listo, retire del horno, quite la estopilla, cubra con papel de aluminio y deje reposar por 15 minutos antes de servir.

12. Sirva acompañado de Salsa de arándonos rojos (pág. 188) y el relleno mencionado a principios de esta receta.

CONSEJO:

Un pavo rico requiere de un poco de preparación. Los pasos son cuatro en total: la salmuera, asarlo, rociarlo y protegerlo. La gran razón por la que la gente queda decepcionada con el pavo es porque queda seco. Eso pasa porque no dejan que el pavo se descongele con suficiente tiempo y/o no saben que la carne oscura de los muslos queda perfecta a 180°F, mientras que la carne blanca del pecho está perfecta y suculenta ia 160°F! Eso significa que cuando las piernas están listas el pecho queda como un desierto. Siga las instrucciones de esta receta y terminará con un pavo fabuloso.

PESCADOS
Y MARISCOS

Rodeado por el Océano Atlántico al este, el Pacifico al oeste, el Golfo en el sur, con partes que se extienden hacia el Caribe y otras que llegan tan lejos como Alaska al noroeste, más sus miles de lagos y humedales, Estados Unidos es un país rodeado de pescados y mariscos deliciosos. Aquí comparto algunas de las recetas clásicamente americanas de estos frutos del mar.

Hervido de cangrejo

(Crab Boil)

★ RINDE 10 PORCIONES ★

En Estados Unidos hay una tradición deliciosa y divertida para las reuniones. Esta tradición cambia un poco dependiendo de dónde se encuentra uno, pero siempre se celebran las delicias. En el sur se usan más los camarones y en el norte las mejores langostas y cangrejos de la nación.

1 cucharada de hojas de laurel secas

2 cucharaditas de orégano seco

2 cucharaditas de sal de apio

2 cucharaditas de mostaza seca

2 cucharaditas de pimienta negra

1 cucharadita de pimentón dulce

1 cucharadita de semillas de apio

½ cucharadita de pimienta blanca molida

¼ cucharadita de nuez moscada molida

½ cucharadita de jengibre molido

½ cucharadita de hojuelas de pimienta roja

⅛ cucharadita de pimienta de Jamaica molida

Pizca de clavo de olor molido

2 hojas de laurel

2 cebollas

1 zanahoria grande, picada en trozos

2 tallos de apio, picados en trozos

1 cabeza de ajo, cortada por la mitad

4 libras de papas pequeñas

2 tazas (16 onzas) de salchichones ahumados, tipo Kielbasa, cortados en trozos de 1 pulgada

8 mazorcas de maíz dulce, sin hojas y cortadas en trozos

5 libras de cangrejo entero, en trozos

4 libra de camarones frescos, limpios pero todavía en las cáscaras

4 limones, cortados en trozos

1. Combine las especias y revuelva bien.

2. Caliente una olla grande con agua por la mitad a fuego o medio-alto.

3. Añada suficiente sazón de las especias revueltas al gusto y hierva.

4. Agregue las cebollas, la zanahoria, el apio y el ajo y hierva por 5 minutos.

5. Agregue las papas y las salchichas, y cocine por unos 10 minutos.

6. Añada el maíz y el cangrejo y cocine por otros 5 minutos; luego agregue los camarones limpios, cuando todo lo demás está casi terminado, y cocine por 4 minutos.

7. Cuele el agua y reserve para sopa.

8. Vierta el contenido sobre una mesa de picnic cubierta con papel de periódico. Tome un plato con salsa picante, unos trozos de limón, ¡y coma!

Langosta Newburg

Este plato fue creado en el restaurante Delmonico's en el corazón de la gran manzana. Dicen que un capitán llamado Ben Wenberg estaba cenando en el restaurante cuando compartió la receta con el Chef Carlos Ranhofer, a quien le gustó tanto que la puso en el menú. Poco después se pelearon y el capitán exigió que quitaran el plato del menú pero, como la clientela ya estaba adicta al plato, el chef simplemente le cambió el nombre.

1	cebolla española, en cubitos
1	cucharada de aceite de canola
1	cucharada de pasta de tomate
2	cucharadas de coñac o brandy
2	cucharadas de jerez seco
1½	tazas de crema de leche
	Pizca de azafrán
	Pizca de sal y pimienta blanca
	Carne de 2 langostas de 1½ libras cada una
3	cucharadas de mantequilla

1. Cocine la cebolla con el aceite a fuego medio hasta que esté tierna y transparente.

2. Añada la pasta de tomate y revuelva por un minuto hasta que se cocine un poco.

3. Continúe añadiendo el brandy y el jerez. Revuelva todo junto hasta que se disuelva y siga con la crema de leche.

4. Sazone la salsa con el azafrán, sal y pimienta y cocine de 1 a 2 minutos hasta que se espese. Agregue la carne de langosta y cocine por 1 minuto más hasta que la carne este caliente.

5. Apague el fuego y termine con la mantequilla. Bata hasta que la mantequilla se disuelva por completo. Se puede servir con arroz o pasta.

Almejas horneadas a la Nueva Inglaterra

(New England Clam Bake)

★ RINDE 3 PORCIONES ★

Al norte de Estados Unidos, en el área de Nueva Inglaterra donde se encuentran algunas de las almejas más suculentas y tiernas de todo el mundo, hay una tradición muy especial que reúne a la gente en la playa. Este horneado de almejas es tradicionalmente hecho en la arena sobre carbón caliente cubierto con algas marinas y después cubierto con capas de lienzo mojadas con agua del mar.

1 docena de almejas

1 docena de mejillones frescos

6 papas pequeñas

2 cebollas medianas

2 mazorcas de maíz, con cáscara

12 piezas de papel de aluminio resistente

12 piezas de 18 por 36 pulgadas de estopilla (o papel pergamino)

2 langostas vivas

Si usted vive cerca de la playa, compre algunas algas o *rockweed* (normalmente esto viene con las langostas cuando las reciben las pescaderías, simplemente pregunte).

Sal y pimienta

1 limón, cortado en trozos

¼ de libra (1 a 2 barras) de mantequilla, derretida

1. Lave las almejas, los mejillones y las papas. Remoje las almejas y los mejillones en agua fría por 10 minutos, y cambie el agua. Repita para quitarles la arena de adentro.

2. Pele las cebollas y quite la seda de las mazorcas pero mantenga el maíz en la cáscara.

3. Prepare dos paquetes colocando dos trozos de papel de aluminio uno al lado del otro, con una pieza de la estopilla para cada uno. Adentro coloque una langosta, 3 papas, 6 almejas, 6 mejillones, una mazorca de maíz, 1 cebolla en trozos y algunas algas marinas o *rockweed* —si la encuentra.

4. Agregue ½ taza de agua en el paquete y sazone con sal y pimienta.

5. Selle todo muy bien y colóquelo en una parrilla a unas 4 pulgadas del fuego. Cubra la parrilla con la tapa. Cocine de 40 minutos a 1 hora, volteando los paquetes de vez en cuando.

6. Abra los paquetes y sírvalos con trozos de limón y la mantequilla derretida.

Cazuela de atún

(Tuna Casserole)

★ RINDE 4 PORCIONES ★

Esta receta fue creada en los años cincuenta y adquirió popularidad porque requiere ingredientes simples y económicos comúnmente encontrados en el supermercado y, combinados, pueden alimentar a una familia en menos de media hora.

1	receta de Crema de champiñones (pág. 118)
1	lata de atún, escurrida
½	taza de leche
2	cebollines, picaditos
1	taza de queso cheddar rallado
8	onzas fideos, cocidos
1	taza de guisantes congelados, cocidos con los fideos
	Sal y pimienta blanca
1	taza de migas de pan
2	cucharadas de mantequilla, derretida

1. Precaliente el horno a 350°F.

2. Engrase una cazuela y déjela a un lado.

3. En un tazón grande mezcle la crema de champiñones con el atún, la leche, los cebollines y la mitad del queso hasta que estén bien combinados.

4. Combine esta mezcla bien con los fideos pero ligeramente.

5. Sazone con sal y pimienta y coloque adentro de la cazuela. Cubra con el queso restante. Combine la mantequilla y las migas de pan y cubra la cazuela.

6. Hornee sin cubrir en un horno precalentado a 350°F por 30 minutos y sirva bien caliente.

Camarones y Sémola de maíz

(Shrimp & Grits)

★ RINDE 3 PORCIONES ★

Los camarones con sémola de maíz son un plato reconfortante en el sur de Estados Unidos. La combinación de la sémola de maíz suave con un poco de mantequilla que sirve como una almohada deliciosa para los camarones suculentos es un plato fácil, económico y saludable que le encantará a todo el mundo.

1	receta de Sémola de maíz (pág. 39)
2	cucharadas de mantequilla
1	cucharada de aceite de oliva
1	cucharada de ajo picadito
1	docena de camarones, pelados y limpios
	Sal y pimienta negra molida
	Jugo de ½ limón
1	cucharada de perejil picadito

1. Prepare la sémola de maíz y mantenga cubierta y caliente.

2. En una sartén sobre fuego medio caliente la mantequilla con el aceite y el ajo.

3. Cocine revolviendo hasta que el ajo esté ligeramente dorado.

4. Mientras tanto, seque los camarones bien con toallas de papel y sazone con sal y pimienta.

5. Agregue los camarones y saltee por 2 minutos de cada lado hasta que estén cocidos.

6. Agregue el jugo del limón, apague la llama y revuelva bien.

7. Sirva la sémola en tazones con unos cuantos camarones encima y un poquito de perejil picadito.

Bagre frito

(Fried Catfish)

★ RINDE 4 PORCIONES ★

Disfrutado en todo Estados Unidos, siendo los sureños sus mayores fanáticos, el bagre se convirtió en un elemento básico de la dieta de Estados Unidos el 25 de junio de 1987, cuando el presidente Ronald Reagan estableció el Día nacional del bagre para reconocer el valor del noble pescadito.

2 libras de filetes de bagre

3 tazas de suero de leche (o 1 taza de yogur y 2 tazas de leche)

3 ramitos de romero, solo las hojas y cortadas por la mitad

3 ramitos de tomillo, solo las hojas

4 dientes de ajo, en rebanadas finas

Sal y pimienta negra

1 taza de harina blanca

½ litro de aceite para freír

Trozos de limón, para servir

1. Limpie el bagre y córtelo en tiras de 1 pulgada de grosor y colóquelo en un tazón con todos los ingredientes menos la harina, el aceite y los trozos de limón.

2. Deje marinar por 20 minutos.

3. Agregue la harina poco a poco hasta obtener una masa líquida pero espesa.

4. Caliente el aceite a 350°F y deje caer unos cuantos pedazos del pescado a la vez revolviendo con una cuchara de madera hasta que el pescado esté dorado y crujiente.

5. Sirva con trozos de limón.

Salmón a la tabla

(Cedar Plank Salmon)

★ RINDE 4 PORCIONES ★

Estados Unidos tiene una obsesión con la parrilla, y los pescados no se le escapan. El salmón es uno de los pescados más comunes, majestuosos y exquisitos de estas aguas. Siendo de agua dulce, y mejor cuando es silvestre, este pescado es servido en todo Estados Unidos crudo, ahumado y, muy a menudo, a la parrilla.

1   tabla de cedro
1   filete de salmón
    Sal y pimienta negra recién molida
    Mostaza de Dijon
1   limón

1. Remoje la tabla de cedro en agua con sal durante 2 horas.

2. Sazone el salmón con sal y pimienta por ambos lados y unte con la mostaza.

3. Coloque el salmón (con la piel hacia abajo) sobre la tabla de cedro y colóquela encima de una parrilla.

4. Cocine de 20 a 30 minutos hasta que el salmón llegue a una temperatura interna de 135°F.

5. Sirva sobre la tabla de cedro con un trozo de limón.

SALSAS, ALIÑOS
Y ADEREZOS

La cultura culinaria de Estados Unidos está repleta de salsas deliciosas, aliños agridulces y aderezos que transforman ensaladas simples en obras maestras. Estos son componentes que en los comienzos del país transformaron platos secos o sin mucho sabor en pedacitos de sabor reconocidos internacionalmente como comida estadounidense.

Aderezo mil islas

(Thousand Island Dressing)

★ RINDE 10 PORCIONES ★

La historia del aderezo mil islas viene de la esposa de un pescador del norte. Ella supuestamente preparaba el almuerzo y servía esta salsa. El nombre viene de una parte muy hermosa de Estados Unidos llamada, pues claro, las mil islas. Es un archipiélago compuesto por más de 1.700 islas de diferentes tamaños conteniendo muchas casas pero en algunas simplemente vive un árbol solitario. El área queda entre Nueva York y Canadá, en el río de St. Laurence, y como un hermoso atardecer rosado, esta salsa es rosada con muchos toques deliciosos.

¾ taza de mayonesa

¼ taza salsa de tomate

1 cucharadita de pepinillos encurtidos picaditos

1 cucharada de pepinillos dulces picaditos

1 cucharadita de alcaparras picadas

1 cucharadita de jugo de limón

Pizca de sal

Pizca de pimienta negra molida

Combine todos los ingredientes en un tazón y revuelva todo bien. Refrigere toda la noche o por 2 a 3 horas para dejar que los sabores se marineen.

Aderezo de queso azul

(Blue Cheese Dressing)

Ya sea mayonesa, yogur o nata, con tal de que contenga un buen queso azul y tal vez un poco de vinagre y cebollín, es el único aderezo que uno puede servir con unas ricas Alitas picantes (pág. 48).

4 onzas de queso azul, desmenuzado

1 cucharada de cebollín picadito

¼ taza de crema agria, regular o baja en grasa (o mayonesa)

¼ taza de suero de leche

1 cucharada de jugo de limón o vinagre de vino blanco

½ cucharadita de sal marina y unas cuantas vueltas de pimienta molida fresca negra

En un tazón desmenuce el queso azul asegurándose de que todavía queden trozos grandes. Agregue el resto de los ingredientes y bata bien con un batidor.

CONSEJO:

Si no tiene o no puede conseguir suero de leche, simplemente sustituya con partes iguales de leche y yogur.

Aderezo Ranch

(Ranch Dressing)

El aderezo ranch es el más popular en Estados Unidos para vegetales y ensaladas. La salsa favorita de los vaqueros, es una salsa con un poco de ácido derivado del suero de leche usado en ella. La marca más popular se llama Hidden Valley Ranch, creada por Steve and Gayle Henson en California que proviene de una receta simple que servían a sus huéspedes cuando se quedaban en su rancho. Tan sabrosa era que ahora venden millones de botellas al año. Aquí les presento una receta típica que pueden preparar en sus casas.

- 1 taza de yogur
- 1 taza de leche
- ½ taza de mayonesa
- 1 cucharadita de jugo de limón
- ⅛ cucharadita de pimentón
- ¼ cucharadita de mostaza en polvo
- ½ cucharadita de sal
- ⅛ cucharadita de pimienta negra fresca
- 1 cucharada de perejil fresco picado
- 1 cucharadita de cebollín picadito
- ¼ cucharadita de eneldo seco, o una cucharadita de cilantro fresco

Combine todos los ingredientes, revuelva bien y sirva frío.

Salsa secreta para hamburguesas

★ RINDE 6 PORCIONES ★

La salsa más popular del mundo para las hamburguesas es una fácil combinación de salsas con un toque de pepinillos curtidos y algunas veces fortificada con un poquito de salsa picante o chiles. Aquí les paso el secreto.

½ taza de mayonesa

1 cucharada de salsa de tomate

1 cucharada de mostaza amarilla

4 rodajas de pepinillo kosher, picadito

¼ cucharadita de ajo en polvo

¼ cucharadita de pimentón

Pizca de pimienta de cayena

En una batidora combine todos los ingredientes hasta que estén bien mezclados y se forme una salsa homogénea.

Salsa de queso cheddar

(Cheddar Cheese Sauce)

★ RINDE 4 PORCIONES ★

Como la lluvia del sol, esta salsa es una delicia y complementa perfectamente cualquier ingrediente o comida. Especialmente utilizada en pastas como los macarrones con queso, para servir con nachos, papas fritas o papas fritas al estilo Disco, y es, inequívocamente, la forma más fácil de asegurarse de que los niños se coman su brócoli.

3 cucharadas de mantequilla

3 cucharadas de harina

1½ tazas de leche

1 taza de cheddar fuerte rallado

Sal al gusto

⅛ cucharadita de pimienta blanca o negra

1 cucharadita de salsa picante

1. En una sartén sobre fuego medio derrita la mantequilla.

2. Apenas esté derretida, agregue la harina y cocine por 1 minuto batiendo con un batidor.

3. Agregue la leche poco a poco batiendo constantemente hasta que todo esté incorporado.

4. Cocine batiendo constantemente por 3 minutos hasta que la harina esté cocida.

5. Agregue el queso y revuelva hasta que esté completamente derretido.

6. Apague la llama, y termine con la sal, la pimienta y la salsa picante.

Salsa gravy clásica

(Classic Gravy)

★ RINDE 6–8 PORCIONES ★

El gravy es una salsa medio espesa tradicionalmente hecha para acompañar carnes o puré de papas. Claro que a veces esta salsa es utilizada para otros platos, pero eso es lo que se hace cuando uno encuentra una buena receta. El gravy clásicamente se hace con caldo de pollo o carne, y el gravy bueno incluye los jugos de las carnes asadas que quedan en el fondo de las cacerolas, siempre reforzados con un poquito de harina o almidón, ya que eso le brinda la mayoría del sabor. Si no está haciendo un asado, pero igualmente quiere ese sabor, le recomiendo comprar huesos o grasa y cocinarlos hasta que queden doraditos y utilizar lo que queda en la sartén o la cacerola en esta receta.

Grasa y pegado de la cacerola
1 barra de mantequilla
2 cebollas amarillas, picaditas
¼ taza de harina
2 tazas de caldo de pollo, caliente
1 cucharada de coñac o brandy
1 cucharada de vino blanco
Sal y pimienta

1. En la cacerola donde haya cocinado la carne o grasa derrita la mantequilla sobre fuego medio.

2. Cuando la mantequilla esté completamente derretida, agregue las cebollas y cocine revolviendo por 10 minutos hasta que las cebollas estén doraditas.

3. Ahora agregue la harina y cocine revolviendo por 3 minutos.

4. Agregue el caldo y revuelva bien. Cocine por 5 minutos, agregue el coñac y el vino y cocine por 1 minuto más.

5. Ajuste la sazón con sal y pimienta y sirva.

Salsa de mostaza y miel

(Honey Mustard Sauce)

★ RINDE 5 PORCIONES ★

Es simple de verdad: la mostaza es medio picante y un poco agria y salada; la miel, suave, dulce y un poquito pegajosa; pero cuando las dos se combinan el resultado es una de las mejores salsas en la existencia de la humanidad. Tradicionalmente esta salsa se prepara con mostaza Dijon y se sirve con dedos de pollo —trocitos de pollo empanizados servidos calientes y crujientes.

3 cucharadas de mostaza Dijon suave

5 cucharadas de miel

2 cucharadas de vinagre de vino de arroz

Combine todos los ingredientes y mezcle bien. Sirva fría.

Salsa barbacoa de Kansas

(Kansas City Sloppy Saucy BBQ Sauce)

★ RINDE 8 PORCIONES ★

Si quieren saber algo acerca de Estados Unidos, es que este es un país orgulloso y muy apasionado acerca de la barbacoa. Hay preferencias regionales de costa a costa de la nación. En algunas partes no les gusta la salsa con su carne y prefieren los jugos naturales de la carne y la sal con especias ahumadas que sirven como aderezo suficiente. A otros les gustan las salsas a base de vinagre y hasta existen salsas barbacoa blancas, pero mi salsa favorita es la de la ciudad de Kansas. Esta salsa se pega a las costillas; a base de tomates, espesa y semi dulce con la adición de melaza y especias es la salsa perfecta para acompañar un buen plato de carne a la parrilla.

2	cucharadas de aceite
6	dientes de ajo, aplastados
2	cucharadas de pasta de tomate
1	cucharada colmada de chile en polvo
1	cucharada de pimentón
1	cucharadita de pimienta roja molida
¼	cucharadita de pimienta de Jamaica molida
	Pizca de clavo de olor
2	tazas de kétchup
1	cucharada de salsa de soja
2	tazas de agua
1	cucharadita de pimienta negra recién molida
½	taza de vinagre de sidra
¼	taza de melaza oscura
¼	taza de azúcar morena bien compacta
1	cucharada de sal kosher
1	cucharada de salsa Worcestershire
2	cucharaditas de mostaza seca estilo Inglés
1	hoja de laurel

1. Caliente el aceite en una cacerola sobre fuego medio.

2. Agregue el ajo, la pasta de tomate, el chile en polvo, el pimentón, la pimienta roja, la pimienta de Jamaica, los clavos y revuelva, cocinando por 3 minutos hasta que la pasta esté de un color rojo fuerte.

3. Agregue el kétchup, la salsa de soja, el agua, la pimienta negra, el vinagre, la melaza, el azúcar morena, la sal, la salsa Worcestershire, la mostaza y la hoja de laurel.

4. Baje la llama a fuego lento, y cocine por 3 minutos revolviendo de vez en cuando. Deje enfriar, y sirva con la carne asada.

Salsa barbacoa de Kentucky

(Kentucky Bourbon BBQ Sauce)

★ RINDE 8 PORCIONES ★

El estado de Kentucky, ubicado en el sureste del país y más conocido como el estado de la grama azul, produce el mejor bourbon de todo Estados Unidos. El bourbon es una variedad de whisky producido con una mayor cantidad de maíz lo cual lo hace un poco más dulce y tiene más cuerpo. Se almacena en barriles que han sido quemados por dentro. El resultado es un whisky súper delicioso, con toques de humo, caramelo y especias, y cuando uno tiene un producto tan delicioso es inevitable encontrarlo en la comida regional.

2 cucharadas de aceite

6 dientes de ajo, aplastados

2 cucharadas de pasta de tomate

1 cucharada colmada de chile en polvo

1 cucharada de pimentón

1 cucharadita de pimienta roja molida

¼ cucharadita de pimienta de Jamaica molida

Pizca de clavo de olor

2 tazas de kétchup

1 cucharada de salsa de soja

2 tazas de *bourbon*

1 cucharadita de pimienta negra recién molida

½ taza de vinagre de sidra

¼ taza de melaza oscura

¼ taza de azúcar morena bien compacta

1 cucharada de sal kosher

1 cucharada de salsa Worcestershire

2 cucharaditas de mostaza seca estilo Inglés

1 hoja de laurel

1. Caliente el aceite en una cacerola sobre fuego medio.

2. Agregue el ajo, la pasta de tomate, el chile en polvo, el pimentón, la pimienta roja, la pimienta de Jamaica, los clavos y revuelva, cocinando por 3 minutos hasta que la pasta se vuelva un color rojo fuerte.

3. Agregue el kétchup, la salsa de soja, el *bourbon*, la pimienta negra, el vinagre, la melaza, el azúcar morena, la sal, la salsa Worcestershire, la mostaza y la hoja de laurel.

4. Baje la llama a fuego lento y cocine por 3 minutos revolviendo de vez en cuando. Deje enfriar y sirva con la carne asada.

Salsa barbacoa de Memphis

(Memphis BBQ Sauce)

★ RINDE 10 PORCIONES ★

Memphis, Tennessee, ubicado al lado del río Mississippi, es una ciudad con mucho sabor. Memphis es el hogar de los fundadores y pioneros de varios géneros de la música americana, incluyendo el blues, el góspel y el rock and roll. Íconos de la música como Jerry Lee Lewis, Johnny Cash, Elvis Presley, Carl Perkins, Roy Orbison, Otis Redding, Isaac Hayes y BB King tuvieron su inicio en Memphis en los años cincuenta y sesenta. Con tanto sabor musical, es lógico que sus salsas también hagan bailar a tu paladar. Lo que diferencia a esta salsa del resto es la incorporación del whisky más famoso de Memphis, Tenessee: el Jack Daniels.

2 tazas de Jack Daniels

1 taza de salsa de tomate

1 cucharada de jugo de limón

2 cucharadas de salsa Worcestershire

2 cucharadas de vinagre de malta

4 cucharadas de melaza oscura

½ cucharadita de humo líquido

1 cucharada de salsa picante

Combine todos los ingredientes y cocine a fuego lento por 3 minutos. Luego, apague la llama, deje la salsa sobre la cocina por 1 hora y disfrute.

Salsa barbacoa de St. Louis

(St. Louis BBQ sauce)

★ RINDE 10 PORCIONES ★

Cuando el blues viajó hacia el norte del delta del Mississippi y se mezcló con el almácigo del Ragtime, nació el alma de St. Louis. Con una historia entre música y barcos de río "la ciudad a la entrada" (The Gateway City) le dio vida al Ragtime, un género de música que fue la música de los jóvenes. Una combinación de piano con ritmos africanos definió a una nueva generación. Su salsa, como su música, viven hasta hoy en día. Aquí les presento esta sabrosa receta.

3	tazas de salsa de tomate
⅓	taza de azúcar morena
½	cebolla mediana
2	dientes de ajo
½	taza de vinagre de sidra
2	cucharadas de mostaza
2	cucharadas de salsa Worcestershire
1	cucharadita de salsa picante
½	cucharadita de pimienta de cayena

Combine todos los ingredientes en una licuadora y licúe bien. Luego cocine la salsa en una olla a fuego lento por 30 minutos.

Salsa de arándanos rojos

(Cranberry Sauce)

Durante la cena del Día de Acción de Gracias en noviembre, cuando los estadounidenses celebran la salvación de los peregrinos por intervención de los indios, una salsa que nunca puede faltar en la mesa es la salsa de arándonos rojos. Púrpura vívida, dulce y suficientemente agria como para hacer agua el paladar, esta salsa es el mejor acompañamiento a unas jugosas rebanadas de pavo asado. Espero que la disfruten tanto como la disfruto yo.

1   libra de arándanos rojos frescos

2   tazas de azúcar granulada

⅓   taza de agua

1   palito de canela

½   cucharadita de pimienta de Jamaica

¼   cucharadita de nuez moscada molida

1   naranja, la cáscara rallada y el jugo

1   limón, la cáscara rallada y el jugo

1. Combine todos los ingredientes, menos la naranja y el limón, en una ollita sobre fuego medio.

2. Cocine mientras revuelve por 7 minutos y apague la llama.

3. Agregue los jugos y las ralladuras de naranja y limón y sirva.

Salsa de chocolate

(Hot Fudge Sauce)

Yo he hecho muchas salsas para postres en mi vida, pero la salsa más popular y honestamente la favorita de todos los americanos y el mundo es la salsa de chocolate. La utilizo para servir con soufflés, tortas, pero especialmente con helados. Salsa de chocolate con helado de dulce de leche, eso es todo.

½ taza de azúcar blanca

2 cucharadas de jarabe de maíz ligero

¾ taza de crema espesa

¼ taza de mantequilla sin sal

Pizca de sal

9 onzas de chocolate amargo picadito

2 cucharadas de leche

1 cucharadita de vainilla

1. Combine el azúcar con el jarabe de maíz y cocine por 2 minutos a fuego medio.

2. Cuando el jarabe esté un poco marrón agregue la crema con cuidado, poquito a poco, mientras revuelve con un batidor de mano.

3. Agregue la mantequilla con la sal y revuelva bien.

4. Ponga el chocolate cortado en un tazón, y vierta la leche encima del chocolate. Permita que la leche caliente derrita el chocolate, y después de 2 minutos revuelva bien con el batidor, añada la vainilla y revuelva otra vez. Sirva caliente.

Salsa de manzana clásica

(Classic Applesauce)

★ RINDE 6–8 PORCIONES ★

Durante el otoño, mi familia va de paseo a recoger manzanas, y cuando vuelven a la casa tienen una tonelada de manzanas que durante las siguientes semanas son incorporadas al desayuno, almuerzo y cena. Una manera fácil y rica de conservar y utilizarlas es en forma de salsa, la cual luego puede ser un postre, acompañar chuletas de cerdo y hasta puede servirse como comida de bebe. Aquí les enseño como prepararla para disfrutar a toda hora.

6   manzanas grandes, peladas y descorazonadas

1   taza de jugo de manzana

2   cucharadas de mantequilla

2   cucharadas de azúcar morena

½   cucharadita de canela en polvo

Pizca de sal

Combine todo en un envase para microondas, cocine por 10 minutos revolviendo cada 5, haga todo puré con una licuadora y sirva o conserve en el refrigerador para usar más adelante.

POSTRES

Desde el principio de la civilización, los humanos han encontrado formas de deleitarse en lo dulce. En las Américas, al principio eran simples fresas con miel, pero apenas se empezó a importar el azúcar de las islas tropicales la obsesión por los postres explotó. La palabra postres en inglés —*dessert*— viene de la palabra francesa *desservir* que significa retirar o quitar las cosas de la mesa. Paso que será necesario para hacer espacio para todas estas delicias.

Tarta de pacanas

(Pecan Pie)

★ RINDE 8 PORCIONES ★

El nombre de estas nueces deriva del lenguaje de los indios y significa "nuez para ser quebrada con una roca". Para esta tarta no necesitará una roca pero sí les recomiendo una cuchara y la fuerza de voluntad para no comérselo todo en una sentada.

1	receta de Masa de tarta (pág. 198)
1	taza de azúcar morena
3	cucharadas de melaza
6	cucharadas de mantequilla sin sal
¾	taza de jarabe de maíz
½	cucharadita de sal fina
1–2	cucharadas de *bourbon*
2½	tazas de nueces picadas tostadas
2	cucharaditas de extracto puro de vainilla
3	huevos, ligeramente batidos

1. En una olla hierva el azúcar, la melaza, la mantequilla, el jarabe de maiz, la sal y el *bourbon*.

2. Apague la llama y agregue las nueces, la vainilla y los huevos, y revuelva bien.

3. Vierta la mezcla adentro de la masa de tarta cocida y devuelva al horno.

4. Hornee a 350°F de 40–45 minutos hasta que esté medio sólido, deje enfriar y sirva.

Tarta de lima

(Key Lime Pie)

Esta tarta adquiere su nombre del tipo de citrus que es utilizado para prepararla. La lima mexicana, lima de las Antillas, limón criollo o lima de las Keys, como es llamada en las orillas norteamericanas, viene de Asia pero es cultivada en la Florida y más particularmente en las islas de Key o cayos de Florida. Esta lima es un poco más acida que el limón verde típico y por eso se presta muy fácilmente para dulces que de otra forma podrían empalagar.

2 cucharadas de azúcar morena

5 cucharadas de mantequilla sin sal derretida

1¼ tazas de migajas de galletas de graham

Pizca de sal

PARA EL RELLENO

½ taza + 2 cucharadas de jugo fresco de lima de los Keys

1 lata (14 onzas) de leche condensada

ralladura de 1 lima de los keys o de 1 lima común

4 yemas de huevo

Crema chantillí

1. Combine el azúcar con la mantequilla, las galletas y la sal y vierta en un molde para hacer tartas.

2. Con sus dedos presione bien, y forme la masa.

3. Coloque adentro de un horno a 350°F y cocine por 15 minutos.

4. Retire del horno y deje enfriar.

5. Mientras tanto combine el jugo de lima, la leche condensada, la ralladura y las yemas y bata bien.

6. Rellene la masa de la tarta con el relleno y hornee a 325°F por 25 minutos.

7. Deje enfriar, corte y sirva con crema chantillí.

Tarta de fresas con ruibarbo

(Strawberry Rhubarb Pie)

Yo siempre he sido de la filosofía de que lo que crece junto, va junto. Esta teoría es aplicable a muchas cosas y en Estados Unidos, durante el verano, eso significa ruibarbo con fresas.

1 receta de Masa de tartas (pág. 198)

1½ tazas de puré de ruibarbo

½ taza de crema de leche

2 cucharadas de maicena

1 taza de azúcar

1 docena de fresas maduras y jugosas en rodajas o trozos

1 cucharada de azúcar en polvo

Crema chantillí

Menta para decorar

1. Combine todos los ingredientes para la crema de ruibarbo y cocine sobre fuego medio hasta que todo hierva por 2 minutos y la maicena esté cocida.

2. Vierta la mezcla en la masa de tarta precocida y enfriada.

3. Decore con las fresas y espolvoree con el azúcar en polvo.

4. Sirva con crema chantillí y decore con la menta.

Tarta de manzana

(Apple Pie)

★ RINDE 8 PORCIONES ★

Nada representa a Estados Unidos más que una tarta de manzanas casera calentita perfumando el ambiente con aromas de vainilla, canela tostada, mantequilla y caramelo, servida con una cucharada de helado cremoso de vainilla. Amigos, de eso se trata la comida americana.

PARA LA MASA DE TARTA

2 tazas + 4 cucharadas de harina blanca

1 taza de mantequilla salada de buena calidad, fría

4 cucharadas de agua fría

PARA EL RELLENO

2 libras de manzana (preferiblemente Granny Smith) peladas, descorazonadas y rebanadas)

1 cucharada de almidón de maíz

5 cucharadas de azúcar morena

½ cucharadita de canela

2 cucharadas de mantequilla derretida

1 huevo (para glasear)

1. En un recipiente grande tamice la harina y añada la mantequilla en trozos pequeños. Con sus dedos desmorone la mantequilla y frótela con la harina.

2. Cuando tenga una textura quebradiza (aproximadamente 1 minuto) añada el agua fría y amase hasta obtener una masa lisa.

3. Separe en dos bolas, envuelva la masa en plástico y refrigere por media hora.

4. Espolvoree la superficie de una mesa y su rodillo con un poco de harina y extienda la masa a ¼ pulgada de grosor. Enrolle la masa en el rodillo y coloque en la parte superior de un molde para tarta. Presione la masa en los lados para que todas las paredes del molde se cubran.

5. Coloque el molde en la nevera por 20 minutos.

6. En otro tazón mezcle las manzanas con el almidón de maíz, el azúcar, la canela y la mantequilla con una pizca de sal y llene el molde de tarta con esta mezcla.

7. Ahora tome la otra bola de masa y amase hasta que quede más grande que el tope del molde de tartas.

8. Rompa el huevo, bátalo y pinte los bordes de la tarta.

9. Coloque la masa desplegada encima de la tarta enrollándola en el rodillo y delicadamente colocándola. Presione todos los lados para que las dos masas se peguen bien. Ahora tome el resto de la masa que queda por los lados y, utilizando sus dedos, dele la forma deseada.

10. Glasee la superficie de la tarta con el huevo restante y haga 3 pequeños cortes encima para que el vapor pueda escapar.

11. Hornee a 350°F de 30 a 45 minutos, o hasta que la tarta esté doradita.

Tremendón de duraznos

(Peach Cobbler)

Cuando uno se encuentra en el medio del verano, especialmente en Georgia, y tiene la oportunidad de cosechar una canasta de duraznos frescos, jugosos y todavía tibios del calor del sol del mediodía, hay solo dos cosas que uno debe hacer: comérselos como están o preparar este postre. El tremendón es un postre simple, creado en el sur de Estados Unidos, que se caracteriza por la masa de panecillos que al unirse con frutas dulces crea una combinación armoniosa.

8   cucharadas de mantequilla

1   taza de leche entera

½   taza de crema de leche

1   cucharadita de vainilla

1½   tazas de harina blanca

½   cucharadita de polvo para hornear

1¼   tazas de azúcar

Pizca de sal

3   tazas de rodajas de duraznos

1. Derrita la mantequilla en una olla o en el microondas; agregue la leche, la crema y la vainilla.

2. En otro tazón cierna la harina con el polvo para hornear.

3. Haga un hueco en el centro de la harina y dentro de este mezcle el azúcar, la sal y la leche poco a poco hasta que se forme una masa.

4. Frote un molde de pan con mantequilla y espolvoree con harina.

5. Vierta la mezcla y reparta los duraznos en rodajas por todos lados.

6. Espolvoree con un poco de azúcar y hornee por 40–50 minutos a 350°F.

7. Sirva caliente con helado de vainilla y azúcar en polvo.

Barras de Rice Crispie

(Rice Crispie Treats)

★ RINDE 10 PORCIONES ★

Esta receta es súper fácil y una de las primeras recetas que uno puede hacer con los niños. Es económica y cuando uno termina, el resultado puede ser moldeado como plastilina abriendo un mundo de creatividad de infinitas formas y colores.

3	cucharadas de mantequilla sin sal
1	paquete (10 onzas) de malvaviscos comunes
½	taza de nueces
½	taza de frutas secas
6	tazas de cereal de arroz crujiente

1. En una olla derrita la mantequilla.

2. Agregue los malvaviscos y revuelva hasta que todo esté disuelto.

3. Agregue las nueces, seguidas por las frutas, terminado con el cereal. Con una cuchara combine todo bien.

4. Vierta la mezcla en un molde para tortas cuadrado engrasado y, usando una espátula o sus manos engrasadas, aplaste todo bien.

5. Deje enfriar por media hora, corte en cuadrados y sirva.

S'mores

★ RINDE 8 PORCIONES ★

La traducción de este postre sería: "es más" o "dame más". Se dice que fue creado por las niñas exploradoras (Girl Scouts)*, específicamente por una mujer llamada Loretta Scott Crew, cuando iban de campamento y rostizaban malvaviscos sobre la fogata.*

Una fogata

8 Malvaviscos grandes

8 Palos de madera o ramas

16 galletas Graham

1 chocolate en barra (picado en 8 trozos)

1. Coloque uno o dos malvaviscos (a mi siempre se me cae uno, así que esto sirve como para estar seguro) en un palo largo o ramita de árbol.

2. Rostice el malvavisco sobre la llama hasta que esté morenito soplando para apagarlo si es necesario.

3. Coloque el malvavisco sobre una galleta de Graham con un trozo de chocolate; coloque otra galleta encima creando un sándwich y presione hasta que el malvavisco se vuelva crema y derrita el chocolate.

4. Coma inmediatamente mientras recarga su rama con más malvaviscos.

Brownies

Los brownies son la mayor contribución de Estados Unidos al mundo de la pastelería. Traducido como "los morenitos" los brownies ideales deberían ser una combinación de una galleta con chocolate pegajosa y una torta suave de chocolate. Las primeras recetas fueron basadas en la melaza, y tienen ancestros de tortas de miel. Fue alrededor de 1900 que los brownies tomaron su trono correspondiente como el postre de chocolate favorito de Estados Unidos.

½ taza de mantequilla sin sal

½ taza de azúcar blanca

½ taza de azúcar morena

¼ cucharadita de sal

1 cucharadita de vainilla

2 huevos

½ taza de harina blanca

½ cucharadita de polvo para hornear

⅓ taza de cacao en polvo

½ taza de chispas de chocolate

1. Precaliente el horno a 350°F.

2. Derrita la mantequilla y, en un tazón, vierta la mantequilla derretida y agregue ambas azúcares.

3. Añada la sal, la vainilla y los 2 huevos uno a la vez batiendo bien entre cada adición para asegurarse de que estén bien incorporados.

4. Con una cuchara de madera agregue la harina y el polvo para hornear cernidos y mezcle bien.

5. Añada el cacao y las chispas de chocolate, y mezcle bien.

6. Vierta la mezcla dentro de una bandeja de 8 pulgadas engrasada y enharinada.

7. Mójese las manos y presione la masa hacia abajo.

8. Hornee de 20–25 minutos, deje reposar y corte en 8 cuadrados.

9. Sirva tibio, preferiblemente con una cucharada de helado de vainilla.

Blondies

La historia de las Blondies o rubias antecede la historia de los adorados Brownies por siglos. El chocolate no estaba disponible fácilmente ni era lo suficientemente barato para los americanos antes del siglo XX. Por eso, las primeras fueron las Blondies. Luego, en el año 1950 las Blondies o Brownies rubias, como bien las llamaban en ese entonces, se volvieron súper populares por todo Estados Unidos. A mí me encantan estas tortitas: son deliciosas, se mantienen bien a temperatura ambiente y son fáciles para llevar y comer como merienda por la tarde.

8 cucharadas de margarina

8 cucharadas de mantequilla, suave

1 taza de azúcar morena

⅔ taza de azúcar blanca

½ cucharadita de sal

2 cucharaditas de vainilla

2 huevos enteros

2 tazas de harina con levadura

2 tazas de nueces de Macademia o maní picadas en trozos gruesos

2 tazas de chispas de chocolate blanco para hornear

1. Precaliente el horno a 350°F.

2. Bata la margarina con la mantequilla y el azúcar en un tazón hasta que estén cremosas y ligeras.

3. Agregue la sal, vainilla y los huevos de uno a uno, parando entre cada adición y raspando el fondo del tazón para asegurarse de que todo esté bien incorporado.

4. Mientras tanto cierna la harina y agréguela a la mantequilla batida.

5. Bata bien hasta que todo esté bien incorporado, agregue las nueces y el chocolate, bata otra vez hasta que tenga una masa sin grumos.

6. Coloque la masa en una bandeja para hornear engrasada y espolvoreada con harina.

7. Apriete la masa con sus manos y aplástela hasta que quede parejita por todos los lados.

8. Cocine en el horno por 30–45 minutos hasta que esté doradita. Corte en 12 cuadrados y sirva caliente con helado de vainilla.

Galletas de chocolate

(Chocolate Chip Cookies)

★ RINDE 24 PORCIONES ★

El nombre "cookie" significa torta pequeña en holandés. Ellos fueron los que modernizaron nuestras técnicas en el mundo de la pastelería. Ofréceme una galleta, especialmente las de chispas de chocolate calentitas, con un vaso frío de leche y no hay nada que yo no haga.

¾ taza de mantequilla, sin sal

1 taza de azúcar morena

½ cucharadita de sal

½ cucharadita de bicarbonato de sodio

¾ taza de harina blanca

1 huevo grande

2 tazas de avena instantánea

1 taza de chocolate amargo picado o chispas de chocolate

1 cucharadita de extracto de vainilla

Sal gruesa (me gusta la Fleur de Sel)

1. Para empezar, bata la mantequilla y el azúcar por unos 8 minutos a velocidad alta hasta que la mantequilla quede ligera y suave.

2. Mientras tanto tamice todos los ingredientes secos.

3. Disminuya la velocidad del mezclador, agregue el huevo y mezcle por 10 segundos.

4. A continuación, agregue los ingredientes secos en dos partes y combine bien. Luego agregue la avena seguida por las chispas de chocolate y finalmente la vainilla. Combine muy bien por lo menos 10 segundos.

5. En una bandeja de horno, vierta la mezcla (si tiene una cuchara para helado pequeña de alrededor de 1–2 cucharadas utilícela para medir cada galleta), cerca de 1 cucharada a la vez, dejando aproximadamente 1 pulgada entre cada galleta.

6. Espolvoree con la sal gruesa y enfríe por 20 minutos.

7. Hornee a 350°F por 10–12 minutos. Sirva calentitas con un vaso frío de leche.

Galletas de mantequilla de maní

(Peanut Butter Cookies)

★ RINDE 24 PORCIONES ★

La mantequilla de maní es uno de los ingredientes más comunes de Estados Unidos. Encontrado en sándwiches, salsas y muchos postres, esta mantequilla es súper versátil, económica y más que todo nutritiva. Yo preparo muchas de estas galletas a la vez y las congelo para tenerlas listas para cuando se me antojen.

¼ taza de mantequilla, blanda

1 taza de azúcar morena

1 cucharadita de vainilla

1 taza de mantequilla de maní

1 cucharada de miel

½ cucharadita de sal

¾ taza de harina blanca

½ cucharadita de bicarbonato de sodio

1 huevo entero

1. Bata la mantequilla con el azúcar hasta que quede cremosa y esponjosa, después añada la vainilla, la mantequilla de maní y la miel y combine bien.

2. Tamice los ingredientes secos y añada de a poco a la mezcla de ingredientes mojados, junto con el huevo, hasta que estén bien combinados.

3. Forme bolitas de 2 cucharadas sobre una bandeja de horno recubierta con una hoja de pergamino o papel de aluminio.

4. Presione la masa hacia abajo hasta que las galletas tengan de ½ pulgada de grosor.

5. Hornee a 350°F por 10 minutos.

6. Permita que las galletas se enfríen un poquito y sirva con un vaso de leche fría.

Postre de chocolate

(Chocolate Pudding)

★ RINDE 6 PORCIONES ★

Cuando era niño yo tenía unos amigos franceses que vivían al lado de mi tía. Durante los veranos salíamos a jugar toda la mañana y al regresar alrededor de la tarde, nuestra merienda era un tazón de este postre de chocolate caliente semi dulce, con una pequeña capa de la leche endurecida en la superficie. Este postre se puede comer frío o caliente, y siempre me transporta a esos veranos cuando nada más importaba el dulce sabor del chocolate cremoso y la inocencia de ser niño.

3 tazas de leche entera

½ taza de azúcar granulada

4 cucharadas de almidón de maíz

4 onzas de chocolate amargo

½ cucharadita de vainilla

   Pizca de sal

1. Hierva 2½ tazas de leche con el azúcar sobre fuego medio.

2. Mientras tanto combine la ½ taza restante de la leche con el almidón de maíz y mezcle bien.

3. Una vez que la leche haya hervido, añada la mezcla de almidón de maíz y bata continuamente. Siga revolviendo a fuego medio-alto durante 3 minutos.

4. Apague el fuego y añada el chocolate. Bata hasta que todo el chocolate se haya incorporado; agregue la vainilla, la sal y sirva inmediatamente con una cucharada de crema chantillí o helado.

Cupcakes de chocolate

En Estados Unidos hay una moda que está arrasando a toda la nación y hoy en día ya trasciende fronteras. Esta obsesión con los cupcakes ha escalado a tales alturas que hay tiendas exclusivamente dedicadas a ellos. De súper mini, a miles de sabores, estas tortitas contienen un montón de sabor y son un buen regalo para cualquier ocasión.

PARA LA MASA

- ¾ taza de polvo de cacao
- ¾ taza de azúcar blanca
- ¾ taza de azúcar morena
- 1½ taza de harina blanca
- ½ cucharadita de polvo para hornear
- 1½ cucharadita de bicarbonato de soda
- ½ cucharadita de sal
- 2 huevos
- ⅛ taza de aceite
- ¾ taza de suero de leche
- ¾ taza de agua
- 1 cucharadita de vainilla
- 1 taza de chispas de chocolate

PARA LA COBERTURA DE CHOCOLATE

- 2¼ tazas de azúcar en polvo
- ½ taza de cacao
- ¼ taza de crema espesa
- ½ taza de mantequilla ablandada
- ¼ cucharadita de vainilla

1. Empiece tamizando todos los ingredientes secos y precalentando el horno a 350°F.

2. Luego bata los huevos con el resto de los ingredientes.

3. Agregue los ingredientes mojados a los secos, mezcle bien y coloque en un molde de cupcakes.

4. Hornee de 12–15 minutos hasta que un palillo insertado en el centro salga limpio.

1. Cierna el azúcar con el cacao.

2. En una olla, agregue los ingredientes cernidos y la crema, y caliente a fuego medio, batiendo hasta que el azúcar se haya disuelto y toda la mezcla de chocolate esté suavecita.

3. Remueva del calor y enfríe.

4. Mientras tanto, bata la mantequilla a velocidad alta hasta que quede suave y ligera.

5. Ahora a la mantequilla agregue la vainilla y poco a poco añada la mezcla de chocolate hasta que esté completamente incorporada.

6. Para terminar, una vez que la masa de los cupcakes esté cocinada y a temperatura ambiente, agregue esta cobertura por encima de cada uno y disfrute de esta combinación inolvidable.

Torta de café

(Coffee Cake)

★ RINDE 10 PORCIONES ★

Esta es una torta estupenda para el desayuno o para una merienda. Antes de existir las tortas de café, había tortas de té, por supuesto. Pero como todos sabemos, los europeos beben té, ¡los estadounidenses, tomamos café!

PARA EL *CRUMBLE* DE CAFÉ

- ½ taza de mantequilla derretida
- 1½ tazas de harina para todo uso
- ½ taza de azúcar morena
- ½ cucharadita de sal
- ¼ cucharadita de canela

Derrita la mantequilla, tamice la harina, combine todo en un procesador de alimentos, mezcle bien y deje a un lado.

PARA LA TORTA

- 1 libra de mantequilla, ablandada
- 3 tazas de azúcar blanca
- 1½ tazas de crema de leche, a temperatura ambiente
- 2 cucharadas de café instantáneo
- 1½ cucharadas de polvo para hornear
- 4½ tazas de harina blanca
- ½ cucharadita de sal
- 6 huevos, a temperatura ambiente
- 1 cucharada de vainilla

1. Bata la mantequilla con el azúcar a alta velocidad por lo menos 8 minutos hasta que esté pálida y esponjosa.

2. Mientras tanto, caliente la crema y disuelva el café en ella.

3. A continuación, permita que la crema se enfríe hasta que llegue a temperatura ambiente.

4. Cierna los ingredientes secos.

5. En un bol grande, agregue los huevos y los ingredientes secos de forma intermitente para formar una masa suave, termine añadiendo la crema, la mantequilla batida y la vainilla.

6. Vierta en un molde de forma de resorte, cubra con el *crumble* y hornee a 350°F por 40 minutos o hasta que un palillo salga limpio cuando se inserta en el medio.

7. Deje enfriar, y después deshaga el molde y sirva con… ¿qué más? Una taza de café o vaso de leche fría.

Torta de zanahoria

(Carrot cake)

★ RINDE 8 PORCIONES ★

Siempre que pienso en la torta de zanahoria, pienso en mi mamá. A ella le encanta la zanahoria en sopas, jugos, pero especialmente en una torta. Servida con un poco de glaseado de queso crema y un poquito de nueces es un postre fácil y delicioso que le gustará a toda la familia.

3½ tazas de harina blanca

1 taza de azúcar granulada

½ taza de azúcar morena

2 cucharaditas de polvo para hornear

1½ cucharaditas de bicarbonato de sodio

½ cucharadita de sal

2 cucharaditas de canela en polvo

6 onzas de yogur natural entero

3 huevos

5 onzas de comida para bebés de zanahoria

3 tazas de zanahoria finamente rallada

1 taza nueces tostadas y picadas

6 onzas de aceite vegetal

1. Tamice los ingredientes secos.

2. Haga un hueco en el centro y vierta el resto de los ingredientes excepto el aceite.

3. Combine todo junto, y luego termine añadiendo el aceite y mezcle bien.

4. Unte un molde de 12 por 9 pulgadas con aceite, enharine y vierta la mezcla adentro.

5. Hornee a 350°F por 45 minutos o hasta que un palillo salga limpio cuando se inserta en el medio. Sirva a temperatura ambiente.

Torta de queso

(Cheesecake)

Nuestro más sincero agradecimiento a William Lawrence quien, en 1872 junto con unos amigos, descubrió el proceso tratando de crear el queso francés Neufchatel. Las tortas de queso crema son suaves y cremosas. Tradicionalmente llamados "al estilo Nueva York", ciudad que yo llamo mi casa, la Cheesecake es sin duda alguna una de mis tortas favoritas.

PARA LA BASE

3 cucharadas de mantequilla

1½ tazas de migas de galletas Graham

1 cucharada de azúcar granulada

⅛ cucharadita de sal

1. Precaliente el horno a 325°F.

2. Derrita la mantequilla en una cacerola pequeña a fuego medio.

3. Agregue esto a las migas de galleta junto con el azúcar y la sal. Use las manos para incorporar la mantequilla en las migajas.

4. Lleve a su molde de pan de forma de resorte y meta en el congelador.

PARA LA TORTA

1 libra (2 paquetes de 8 onzas) de queso crema, a temperatura ambiente

3 huevos

⅔ taza azúcar blanca granulada

½ cucharadita de sal

1½ cucharadita de extracto de vainilla

2 tazas de yogur griego, o crema agria muy espesa

1. Bata el queso crema con los huevos (añada un huevo a la vez), el azúcar y la sal terminando con la vainilla.

2. Detenga el batidor y doble el yogur en la mezcla.

3. Corte una hoja de papel de aluminio y colóquela debajo del molde y forre la parte baja del molde. Colóquelo encima de una bandeja para hornear.

4. Vierta la mezcla en el molde preparado y coloque todo en el nivel medio del horno.

5. Llene la bandeja para hornear con agua caliente suficiente para que el agua suba hasta la mitad del molde creando un baño María.

6. Hornee por 45 minutos. El medio todavía estará un poco blandito, no se preocupe. Enfríe la torta en el baño María por media hora y después métala a la nevera por un mínimo de 2–3 horas o hasta que esté completamente fría.

7. Desmolde, corte y sirva.

Torta de seda de limón

(Lemon Chiffon Cake)

★ RINDE 12 PORCIONES ★

Esta torta magnífica de limón súper esponjosa fue creada por Harry Baker en 1972. Harry era un vendedor de seguros que acababa de abrir un servicio de catering, ¡lo que demuestra que cualquier persona puede ser pastelero! Las tortas que contienen aceite en vez de mantequilla son maravillosas para hacer tortas de helado porque el aceite sigue siendo suave en temperaturas más bajas, a diferencia de la mantequilla que se endurece.

2 tazas de harina blanca
1 cucharada de polvo para hornear
½ cucharadita de sal
8 huevos, separados
½ taza de jugo de limón fresco
¼ taza de agua
Ralladura de 2 limones
½ taza de aceite vegetal
½ cucharadita de crémor tártaro
1½ tazas de azúcar blanca

1. Comience tamizando la harina y el polvo para hornear.

2. Haga un hueco en el centro de los ingredientes tamizados y añada la sal y las yemas de huevo.

3. Combine hasta que empiece a espesar, añada el jugo de limón un poco a la vez hasta crear una pasta suave.

4. Agregue el agua y continúe batiendo lentamente hasta que los ingredientes se combinen.

5. Añada la ralladura de limón, el aceite y mezcle bien.

6. Ahora vamos a llegar a las claras de huevo… En un recipiente limpio empiece a batir las claras con el crémor tártaro a velocidad media por 1 minuto hasta que estén espumosas.

7. Agregue ⅓ del azúcar y continúe batiendo hasta que las claras se dupliquen; agregue ⅓ más del azúcar y continúe batiendo. Termine con el ⅓ de azúcar, suba la velocidad de la maquina a lo máximo y bata hasta que lleguen a punto nieve.

8. Añada aproximadamente la mitad de las claras a la masa y mezcle suavemente con una espátula. Añada las claras restantes y doble hasta que se forme una masa esponjosa y homogénea.

9. Rocíe un molde para tortas con un poco de aceite en aerosol o mantequilla y enharínelo.

10. Vierta la mezcla, coloque el molde para tortas en una bandeja de horno para evitar que la parte inferior se queme y cubra la parte superior con un trozo de papel de aluminio.

11. Hornee a 325°F por 40–50 minutos o hasta que al insertar un cuchillo en el centro, este salga limpio.

12. Cuando la saque del horno, invierta la torta sobre una rejilla y deje reposando hasta que esté tibia. Luego deslice un cuchillo afilado alrededor de los bordes para soltarla.

13. Sirva con una buena taza de café o un vaso de leche fría.

Torta de piña al revés

(Pineapple Upside Down Cake)

★ RINDE 8 PORCIONES ★

Esta torta puede calificar como mi torta favorita sobre todas las tortas que preparo. Hija de la Tarte Tatin francesa, es su propia reina en el reino de las tortas. Piña fresca y exótica, combinada con una torta densa y perfumada con mantequilla y cocida en un recipiente relleno de caramelo derretido —cuando se voltea para desmoldar, uno es testigo de un milagro a medida que el caramelo empieza a bañarla como una cascada de mantequilla y caramelo.

PARA LA BASE DE LA TORTA

- ¾ taza de azúcar morena
- 4 cucharadas de mantequilla sin sal
- Pizca de sal
- 1 piña fresca, pelada, sin corazón y cortada en anillos de ¼ pulgada de grosor

PARA LA TORTA

- ½ taza de mantequilla, blanda a temperatura ambiente
- 1 taza de azúcar granulada
- ¼ cucharadita de sal
- 1 cucharadita de extracto de vainilla
- 2 huevos grandes, separados
- 1½ tazas de harina blanca
- 2 cucharaditas de polvo para hornear
- ½ taza de suero de leche
- ¼ cucharadita de crémor tártaro

1. Derrita el azúcar y cocine a fuego medio en una sartén hasta que el caramelo empiece a formarse, se vuelva un color marrón oscuro y empiece a oler a quemado.

2. Retire la sartén del fuego, añada la mantequilla, la sal, y revuelva lentamente hasta que se forme un espeso y rico caramelo.

3. Usando una cuchara de madera, mezcle el caramelo hasta que esté espeso y suave y viértalo en un molde redondo para tortas de 10–12 pulgadas engrasado y enharinado.

4. Arregle las frutas en el caramelo y ponga a un lado.

1. Para hacer la torta, bata la mantequilla con el azúcar hasta que esté cremosa y pálida.

2. Agregue la sal, la vainilla y las yemas, y deje las claras a un lado.

3. Tamice los ingredientes secos y añádelos junto con el suero de leche a la mezcla de mantequilla y azúcar, alternando entre las dos hasta que se forme una masa suave (raspe los lados a mitad de camino para incorporar cualquier trozo pegado).

4. Para hacer las claras, colóquelas con el crémor tártaro en un tazón limpio y seco con el batidor. Bata las claras a punto nieve, agregue delicadamente el merengue en dos partes a la masa e incorpore con una espátula.

5. Vierta la mezcla sobre la base de piña en el molde y hornee a 350°F por 30–45 minutos hasta que un cuchillo insertado en el centro salga limpio.

6. Con cuidado, invierta el molde sobre un plato (¡tenga mucho cuidado con el caramelo caliente!) y sirva con helado de vainilla.

Torta de terciopelo rojo

(Red Velvet Cake)

Hay una torta en el sur de Estados Unidos que es tan roja radiante como el alma feliz de los habitantes del área. La historia no cuenta exactamente quién la creó o por qué se hace de este color, pero la verdad es que no importa. La combinación de esta torta suavecita con toques de chocolate, glaseada con una cobertura de queso crema y coco es una combinación tal que si uno no supiera lo contrario, uno creería que es una receta con raíces latinas.

PARA LA TORTA

- 2⅓ tazas de harina blanca, cernida
- 3 cucharadas de cacao en polvo
- ½ taza de mantequilla sin sal, a temperatura ambiente
- 1½ tazas de azúcar blanca
- ½ cucharadita de sal
- 2 huevos grandes
- 1 cucharadita de extracto puro de vainilla
- 1 taza de suero de leche
- 2 cucharadas de colorante líquido rojo para alimentos
- 1 cucharadita de vinagre blanco
- 1 cucharadita de bicarbonato de sodio

1. Empiece tamizando la harina con el cacao en polvo y combine con un batidor.

2. Ahora combine la mantequilla con el azúcar y la sal y empiece a batir en una batidora a alta velocidad. Luego agregue los huevos, uno a la vez, deteniéndose entre adiciones para raspar el tazón.

3. Mientras tanto, combine la vainilla con el suero de leche y el colorante y bata hasta que la mezcla esté homogénea.

4. En el bol con la combinación de mantequilla, azucar y huevos, agregue intermitentemente ⅓ de la harina, ⅓ del suero rojo, ⅓ de la harina, batiendo bien entre cada adición.

5. Prepare 2 moldes para torta de 9 pulgadas, engráselos y enharínelos.

6. Haga 2 círculos de papel pergamino engrasados y enharinados y colóquelos en el centro de cada molde.

7. Al último minuto, combine el vinagre con el bicarbonato de sodio y revuelva bien y agregue esto a la masa de torta. Combine bien y rápidamente separe la masa en los dos moldes.

8. Hornee por 30 minutos o hasta que un palillo insertado en el medio salga limpio. Retire del horno y desmolde la torta sobre un plato o una rejilla.

9. Envuelva en plástico y colóquela en la nevera o congelador para enfriar mientras prepara la cobertura de queso crema y coco.

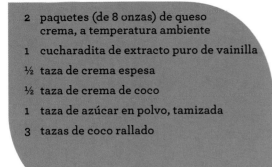

2 paquetes (de 8 onzas) de queso crema, a temperatura ambiente

1 cucharadita de extracto puro de vainilla

½ taza de crema espesa

½ taza de crema de coco

1 taza de azúcar en polvo, tamizada

3 tazas de coco rallado

CONSEJO:

Mientras hace la torta va a notar grumos de la torta roja en su mesa, en el plato, etc... ¡No los bote! Utilícelos como decoración.

1. Bata el queso a alta velocidad con la vainilla hasta que esté cremoso.

2. Poco a poco agregue la crema, batiendo bien para no tener grumos, seguida por la crema de coco, terminando con el azúcar en polvo.

3. Bata bien hasta que esté cremosa. Use esta crema para untar las tortas. Decore y termine con el coco rallado.

Ponqué

(Pound Cake)

★ RINDE 8 PORCIONES ★

Hace mucho tiempo, cuando no había Internet ni computadoras, cuando la única forma de recordar recetas era escribiéndolas o redactándolas, las recetas eran más simples. Así surgió esta torta llamada Pound Cake, es decir, torta de libra, simplemente porque todos los ingredientes eran medidos en 1 libra en partes iguales.

1	libra de mantequilla sin sal, suave
3	tazas de azúcar granulada
6	huevos grandes
1½	cucharadas de polvo para hornear
4½	tazas de harina para todo uso
½	cucharadita de sal
1½	tazas de crema espesa
	Jugo de 1 limón
1	cucharada de extracto de vainilla

1. Para empezar, bata la mantequilla y el azúcar con una batidora por unos 10 minutos hasta que la mezcla esté pálida y ligera.

2. Añada un huevo a la vez asegurándose de que se incorporen muy bien entre las adiciones.

3. Ahora tamice los ingredientes secos y agregue estos y la crema alternando entre uno y el otro mientras se mezcla a velocidad media.

4. Para terminar, añada el jugo de limón y la vainilla, incorpore bien a la mezlca, y viértala en un molde engrasado y enharinado para ponqués.

5. Hornee a 325°F por 45 a 50 minutos o hasta que al insertar un cuchillo en el centro, este salga limpio.

CONSEJO:

A mi me gusta preparar un jarabe de limón con partes iguales de jugo fresco de limón y azúcar y hervirlo hasta que todo esté disuelto. Cuando la torta sale del horno, tomo un tenedor y hago huequitos en la torta. Luego, con una brocha glaseo la superficie de la torta con el jarabe, la envuelvo en aluminio y dejo que se enfríe así.

Torta de fresas

(Strawberry Shortcake)

Cuando era niño, una de las primeras tortas que preparé para llevar a fiestas, o como torta de cumpleaños para mis amigos, fue una torta de fresas con crema. Esta riqueza puede ser preparada con masa para tortas, mil hojas o cualquier otra, pero la masa clásica es una parecida a los panecillos con la textura de la masa para tartas.

2½	tazas de harina blanca
1	cucharada + 1 cucharadita de polvo para hornear
4	cucharadas de mantequilla, fría y cortada en cubitos
½	cucharadita de sal
⅓	taza azúcar
9	onzas de crema de leche, fría
1	huevo batido para glasear
½	libra de las mejores fresas frescas que pueda encontrar
1	limón, ralladura y jugo
	Azúcar en polvo para espolvorear
1	envase de crema chantillí
	Unas hojas de menta para decorar

1. Tamice la harina con el polvo para hornear.

2. Mezcle la mantequilla con la harina tamizada, la sal y el azúcar hasta obtener migas pequeñas.

3. Añada la crema de leche y mezcle con las manos hasta que haya una masa medio desgranada.

4. Aplaste hacia abajo con las manos moldeando la masa y use un cortador de galletas para cortar las rondas.

5. Colóquelas en una bandeja de horno forrada de papel pergamino.

6. Glasee con un poco de huevo batido.

7. Luego hornee por 15 minutos a 350°F hasta que los bizcochos estén ligeramente dorados.

8. Deje que se enfríen y luego córtelos por la mitad.

9. Corte las fresas y mezcle con la ralladura y el jugo de limón y un poco de azúcar en polvo.

10. Rellene los bizcochos con las fresas y cubra con una enorme porción de crema chantillí.

11. Espolvoree con azúcar en polvo, decore con menta y sirva.

Agradecimientos

Me gustaría tomar esta oportunidad para agradecer a todos aquellos involucrados en este libro. A mi hermano y mejor amigo Noumeir Sebastian, porque sin él no fuera nada. A mi mamá Belkis, que sin su paladar intrépido no fuera tan aventurero en la cocina. A mi papá Jaime por su perseverancia y fortaleza, y a mi papá Iván por su sacrificio. A mis hermanitos y hermanitas Jhonny y Beatriz, a mi primo Jesse —de toda mi familia, nadie tiene más pasión cocinando que él; gracias primo por todo el apoyo— y a mis primos Afdal, Inaam y Little Jesse. A mi tía Lisette y tío Noumeir por todo su apoyo. A mi abuela Alicia, por ser la primera persona que yo recuerdo cocinando y batiendo esos huevos a mano con dos tenedores para hacer una torta —eso se llama perseverancia. A Rebecca Sussman por ser el amor de mi vida, siempre apoyándome y siendo voluntaria a no dormir para hacer las mil y una cosas que se tienen que hacer —eso es sacrificio, fe y amor.

A todos mis maestros que compartieron su sabiduría conmigo. A Cyril y Brigette Renaud por ser como mis padres, siempre llenos de paciencia y generosidad, soy un mejor hombre por conocerlos. A Patrick MacLeod, el fotógrafo de la mitad de las fotos, y a Tulio Rezende por todas las fotos deliciosas de la comida. A Julie Klobusicky, la estilista espectacular de toda la ropa en estas páginas. A Jennifer Fleming por el maquillaje, y a Ashton Keefe por ayudar a preparar toda esta comida. A Orestes Gonzales por su generosidad y por abrir su casa para que yo pueda cocinar, te debo un trago. A Carolina Peñafiel por toda su ayuda, y a mis amigos y amigas por su apoyo y apetito.

A mi amigo John, el carnicero de Meat Market en Astoria, un abrazo. A Ana y todo el mundo en Martha's Country Bakery, por sus postres deliciosos y adictivos. Un millón de gracias a Bill de Gullwig Motors, por su musco de carros hermosos. Un abrazo al súper cool Bogart de Harley Davidson, *thanks brother*. A todos los granjeros, pescadores, panaderos y a todas las personas responsables por cultivar nuestra comida de cada día.

A Lavo y mis jefes Paul Goldstein, Patrick Michael Duxbury y Keith Nelson, porque en la vida uno necesita a alguien que crea en uno y que le de la oportunidad para triunfar. A Diane Stockwell, mi agente literaria, por todo su apoyo; a Cecilia Molinari por su hermosa preparación de este libro para imprenta; y finalmente a Erik Riesenberg y Carlos Azula de C.A. Press/Penguin, por creer en mí y por para hacer de este libro una realidad.

A todos desde el fondo de mi corazón: *gracias.*

Índice de recetas

★

Dentro de veinte años estarás más decepcionado
por las cosas que no hiciste
que por las que hiciste.
Así que suelta las amarras.
Navega lejos del puerto seguro.
Atrapa los vientos favorables en tus velas.
Explora. Sueña. Descubre.
—MARK TWAIN